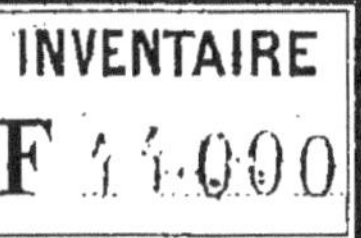

FORMULES
WISIGOTHIQUES

INÉDITES

PUBLIÉES D'APRÈS UN MANUSCRIT

DE LA

BIBLIOTHÈQUE DE MADRID,

PAR

M. EUGÈNE DE ROZIÈRE.

PARIS

AUGUSTE DURAND, LIBRAIRE,
RUE DES GRÈS, 5

1854

F'

M. de Rozière a aussi publié : _formules inédites_
d'après 2 M^ss des bibliothèques royales de Munich
et de Copenhague in. 8° 69. p.

v^r la _Revue historique de Droit Français et étranger_
année 1859.

FORMULES

WISIGOTHIQUES

INÉDITES.

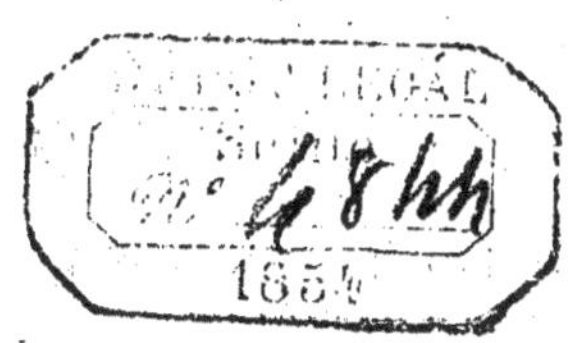

PARIS. — IMPRIMÉ PAR PLON FRÈRES,

IMPRIMEURS DE L'EMPEREUR,

RUE DE VAUGIRARD, 36.

FORMULES WISIGOTHIQUES

INÉDITES

PUBLIÉES D'APRÈS UN MANUSCRIT

DE LA

BIBLIOTHÈQUE DE MADRID,

PAR

EUGÈNE DE ROZIÈRE.

PARIS

AUGUSTE DURAND, LIBRAIRE,

RUE DES GRÉS, 5.

1854

INTRODUCTION.

Les formulaires de l'époque barbare publiés jusqu'à ce jour appartiennent à la France, à l'Allemagne ou à l'Italie. On n'en connaît encore aucun d'origine espagnole; et cette lacune est d'autant plus regrettable, que les monuments du droit wisigothique sont d'une extrême rareté.

Les Wisigoths sont, il est vrai, le premier peuple germanique qui ait eu une législation écrite; mais il ne reste presque rien du texte primitif de leurs lois. Les rédactions faites sous Euric et sous Leowigild n'ont point laissé de traces; et nous possédons à peine quelques fragments de la révision opérée sous Reccared Ier [1]. Quant au code célèbre connu sous le nom de *Forum judicum*, il appartient à une époque où le génie des Goths s'était pour ainsi dire effacé; on y sent à chaque page le triomphe de la civilisation romaine et du clergé sur les institutions germaniques, et l'on y chercherait en vain la véritable expression des coutumes nationales.

D'un autre côté, l'invasion des Arabes a détruit les documents, qui pourraient suppléer à l'absence des lois. J'ai parcouru les principales collections diplomatiques de la Pénin-

---

1. Blume, *Die Westgothische antiqua*, 1847, in-8°.

sule [1], et je n'ai trouvé qu'une seule charte de l'époque wisigothique. C'est une donation faite par le roi Chindaswind au monastère de Compludo le 15 des kalendes de novembre (18 octobre) de l'ère 684 (an. 646 ap. J.-C.). Le savant Yepès, en publiant cette pièce dans le tome II de la *Coronica general de la orden de S. Benito,* assure que c'est la plus ancienne qui existe en Espagne, la seule qui remonte au temps des Goths. Il est possible qu'on en connaisse bientôt un plus grand nombre : le gouvernement espagnol vient d'ordonner la réunion dans un même dépôt de toutes les archives des couvents supprimés; l'Académie d'histoire est chargée de classer cette précieuse collection, et l'on pense y trouver des renseignements sur l'état du pays avant la conquête musulmane. Lorsqu'on pourra pénétrer plus facilement dans les archives des cathédrales, on y découvrira sans doute

---

1. Voici les titres de ces collections, dont plusieurs sont peu connues en France :

Yepès, *Coronica general de la orden de San Benito,* 7 vol. in-f°, Pampelune et Valladolid, 1609-1621.

Florez et Risco, *España Sagrada;* cet immense recueil est aujourd'hui continué par l'Académie d'histoire.

Escalona, *Historia del real monasterio de Sahagun,* 1 vol. in-f°, Madrid, 1782.

Corvalan, *Descripcion historica del obispado de Osma,* 3 vol. in-4°, Madrid, 1788.

Llorente, *Noticias historicas de las tres provincias vascongadas,* 5 vol. in-8°, Madrid, 1806-1808.

Capmany, *Memorias historicas sobre la marina, comercio y artes de la ciudad de Barcelona,* 4 vol. in-4°, Madrid, 1779-1792.

Villanueva, *Viage literario a las iglesias de España,* 22 vol. in-12, Madrid, 1803-1852.

Berganza, *Antiguedades de España,* 2 vol. in-f°, Madrid, 1719-1721.

Coleccion de cedulas, cartas-patentes, provisiones, reales ordenes y otros documentos existentes en el real archivo de Simancas, 6 vol. in-8°, Madrid, 1829-1833.

Memorial historico español; publication récente, entreprise par l'Académie d'histoire.

aussi des documents, dont on ne soupçonne pas l'existence. Mais dans l'état actuel de la science, il est certain qu'on manque d'éléments pour écrire l'histoire du droit espagnol pendant la période germanique.

J'ose donc espérer qu'on accueillera volontiers la publication d'un *Formulaire*, que j'ai rencontré dans un manuscrit de la bibliothèque de Madrid. Il appartient à l'époque où les rois wisigoths régnaient sans partage sur l'Espagne. Les principes du droit barbare et ceux du droit romain y sont tour à tour appliqués; et tout indique que la fusion des deux nationalités n'était point encore accomplie. Si les recueils de cette nature ont une grande importance dans un pays aussi riche que la France en documents juridiques, à plus forte raison doivent-ils porter la lumière dans une législation, dont les plus anciens monuments ont aujourd'hui disparu.

Je donnerai dans cette *Introduction* la description du manuscrit; mais comme l'histoire de la bibliothèque de Madrid est en général peu connue, je commencerai par dire quelques mots de son origine et de ses destinées [1].

SECTION PREMIÈRE.

NOTICE HISTORIQUE SUR LA BIBLIOTHÈQUE DE MADRID.

La fondation de la bibliothèque de Madrid ne remonte qu'au règne de Philippe V. Les livres apportés de France par ce prince, réunis à ceux qui étaient conservés dans une des tours de l'ancien Alcazar, et qui, malgré leur petit nombre, portaient le titre de *Bibliothèque de la reine mère*, formè-

---

1. Il n'existe aucune histoire de la bibliothèque de Madrid; le seul ouvrage où l'on trouve quelques renseignements est un opuscule de D. Sebastian Castellanos, intitulé : *Catalogo del museo de antiguedades de la bibliotheca nacional de Madrid,* 1847, in-12.

a.

rent le fonds du nouvel établissement. Le roi, qui en avait conçu la pensée, ne négligea rien pour la prompte exécution de son dessein. Un local convenable fut disposé dans les environs du palais; le P. Robinet, confesseur de Sa Majesté, fut nommé directeur; les employés reçurent le titre d'officiers de la maison royale avec les priviléges qui y étaient attachés, et quoique les premiers ordres n'eussent été donnés qu'en 1711, l'ouverture eut lieu le 1er mars 1712.

L'Espagne possédait alors de riches et célèbres bibliothèques, celles de l'Escurial, de Compludo, de San Isidro; mais elles appartenaient à des congrégations religieuses, qui pouvaient à leur gré en permettre ou refuser l'entrée. La bibliothèque Colombine elle-même n'avait été destinée par son fondateur qu'à une certaine classe de lecteurs; celle de Madrid fut la première, où le public eut un libre accès. Son importance, d'abord peu considérable, prit un rapide accroissement. Jusqu'alors l'Escurial avait été l'objet exclusif de la prédilection des rois. Philippe II s'était plu à y concentrer les dépouilles de l'Espagne entière, et ses successeurs avaient suivi son exemple. Depuis Philippe V, l'Escurial cessa de s'enrichir, et la nouvelle bibliothèque de Madrid reçut à son tour les faveurs et les largesses du gouvernement. En 1716, un ordre royal, imité des règlements qui étaient en vigueur en France, enjoignit à tous les éditeurs de déposer un exemplaire des ouvrages qu'ils publieraient. La même année, l'administration de la bibliothèque fut déclarée privilégiée dans les ventes de livres imprimés ou manuscrits, d'estampes ou de médailles; de sorte qu'à prix égal elle obtint la préférence sur tout autre acheteur. A ces mesures générales se joignit l'acquisition de plusieurs collections particulières, celle du cardinal Arquinto sous Charles III, celle de don Ignacio Musquiz sous Charles IV, celle du député Navarro sous Ferdinand VII. Enfin, en 1835, la suppression des ordres religieux et la confiscation de leurs biens enrichit la bibliothèque de tous les livres qui appartenaient aux nombreux monastères de Madrid.

Cette prospérité n'a pas été sans quelque mélange. L'ordre
royal de 1716 a produit peu d'effet, et plusieurs fois les rois
l'ont renouvelé sans jamais obtenir son entière exécution.
D'un autre côté, les richesses littéraires des couvents ont été
gaspillées d'une façon déplorable. Je me souviens d'avoir vu
plus de 100,000 volumes entassés dans des caves humides,
sous prétexte que c'étaient des livres de théologie et qu'ils
ne sauraient être d'aucune utilité. Ce n'est pas tout : la bibliothèque a subi de fréquentes translations. Depuis 1712 jusqu'au temps de l'invasion française, elle était demeurée dans
le local où Philippe V l'avait établie; mais le gouvernement
de Joseph-Napoléon, ayant ordonné la démolition de toutes
les rues adjacentes, la fit transporter à l'autre extrémité de
la ville, dans le couvent de la *Trinidad*. En 1819, on la déposa provisoirement dans l'hôtel où siégeait le *Consejo del
almirantazgo* [1]. En 1826, elle fut enfin ramenée dans les
environs du palais, et placée dans les bâtiments qu'elle occupe
encore aujourd'hui. On sent combien ces migrations successives ont dû nuire à la conservation des livres; beaucoup d'ouvrages se sont trouvés dépareillés, d'autres ont complétement
disparu, et le regret occasionné par ces pertes a donné naissance à des accusations plus regrettables encore [2].

Malgré ces vicissitudes, la bibliothèque de Madrid est restée

---

1. *Noticia de la colocacion de la real bibliotheca*, Madrid, 1819.

2. On assure sérieusement à Madrid que sous le gouvernement de
Joseph-Napoléon les Français firent des cartouches avec les livres de
la bibliothèque. Quels qu'aient été les maux causés à l'Espagne par l'invasion française, j'ai peine à croire à cet excès de vandalisme. Il me
semble que le désordre d'une translation précipitée, l'entassement des
livres dans un local trop étroit, et l'abandon où on laissa la bibliothèque
pendant le temps de la guerre, suffisent pour expliquer les pertes qu'elle
a éprouvées.

l'établissement littéraire le plus considérable, sinon le plus précieux, de toute l'Espagne. Elle compte au moins 130,000 volumes imprimés, parmi lesquels on comprend les collections d'estampes et les cartes géographiques. Ces volumes occupent douze salles successives, dont une est spécialement consacrée au *Catalogue*; les autres portent des noms indiquant le genre de livres qu'elles renferment. On remarque surtout la salle des *Selectos*, où sont réunies les belles éditions modernes des Didot, des Bodoni, des Ibarra, des Sancha, et la salle des *Prohibidos*, qui contient tous les ouvrages dont la communication n'était autrefois accordée que sur une permission de l'autorité ecclésiastique.

Les antiques et les médailles forment à Madrid, comme à Paris, une des sections de la bibliothèque. Cette section a reçu le nom particulier de *Museo*. Son origine est la même que celle de la bibliothèque proprement dite. Philippe V avait en effet consacré ses médailles aussi bien que ses livres au service du public; il avait même donné l'ordre au P. Robinet de faire immédiatement de nombreuses acquisitions. En 1716, quatre ans après l'ouverture de la bibliothèque, le *Museo* comptait déjà 20,000 monnaies de tout âge et de tout pays. Depuis lors il s'est augmenté des collections de l'abbé de Rothelin, de l'infant don Gabriel et du collége des Jésuites; le nombre de pièces qu'il renferme se monte aujourd'hui à plus de 90,000.

Ces richesses sont disposées dans une vaste salle, longue de cent pieds, à l'extrémité de laquelle s'élève un trône surmonté du portrait de la reine Isabelle. Des deux côtés sont rangées d'élégantes armoires, garnies d'ornements dorés, et divisées en tiroirs où sont contenues les médailles. Ces armoires, pour le dire en passant, avaient été construites par ordre de Charles III pour la pharmacie du palais; c'est à Ferdinand VII qu'elles doivent leur destination actuelle. Le centre de la salle est occupé par des étagères vitrées, où sont exposées les pièces remarquables par la perfection du travail ou la beauté de la conservation. Ce sont en effet celles qui doivent le plus attirer les regards des visiteurs, bien qu'en réalité l'importance du *Museo* réside surtout dans ses monnaies celtibériennes ou puniques, et dans celles des souverains arabes de Cordoue, de Tolède et de Grenade.

Le système de classification suivi par les deux derniers conservateurs est en grande partie celui de Eckhel. Les médailles anciennes sont partagées en deux grandes séries, dont la première embrasse toutes celles qui ne sont pas romaines, la seconde toutes celles qui sont romaines, depuis la fondation de la ville éternelle jusqu'à la prise de Constantinople par les Turcs. Les pièces qui composent cette seconde série sont naturellement rangées par ordre chronologique; mais pour les subdivisions de la première on a préféré l'ordre géographique : la collection commence par le Portugal et l'Espagne, et s'avance successivement d'Occident en Orient. Les médailles du moyen âge et les médailles modernes forment une troisième série, à laquelle se trouve jointe une suite de pièces historiques, frappées à l'occasion d'une victoire, de l'avénement d'un prince ou de l'érection d'un monument.

Les antiques proprement dits occupent une petite salle, qui précède celle des médailles. Ils consistent en un certain nombre d'objets égyptiens, étrusques, grecs, romains, gothiques, arabes, indiens, chinois et américains. Les plus intéressants furent apportés d'Italie sous Charles III et proviennent des fouilles faites à Herculanum. On y a réuni depuis quelque temps une collection d'empreintes, où doivent figurer les sceaux de tous les rois, princes, seigneurs, évêques, abbés ou corporations municipales de l'Espagne. Cette collection, imitée de celle que M. Letronne avait établie aux archives de Paris, est encore peu considérable; mais on espère qu'a—

vec les chartes des anciens monastères on pourra bientôt la compléter.

C'est au *Museo* que sont annexés les incunables, ainsi que les éditions précieuses sorties des presses espagnoles, disposition contraire à celle qui est adoptée dans la plupart des grandes bibliothèques de l'Europe, où les premiers monuments de la typographie sont rangés dans la section des livres imprimés. Les incunables de Madrid n'offrent, du reste, qu'un médiocre intérêt. Le plus ancien et le plus beau est un Lactance imprimé à Subiaco en 1465. Viennent ensuite quelques éditions de Nicolas Jenson, de Wendelin de Spire et de Jean de Cologne. Parmi les livres imprimés sur vélin on peut citer une traduction italienne de Pline l'Ancien de 1476, un Bréviaire à l'usage du diocèse d'Auxerre de 1483, et les Heures de la sainte Vierge de 1497. Les premiers efforts de la typographie espagnole sont représentés par la *Declaracion de la doctrina cristiana* imprimée à Séville en 1470, les œuvres de Salluste imprimées à Valence en 1475, une traduction catalane de Quinte-Curce imprimée à Barcelone en 1481, et la Grammaire latine de Gutierrez imprimée à Burgos en 1485. Ce qu'il y a peut-être de plus curieux dans cette collection, ce sont les livres de chevalerie, qu'on recherche aujourd'hui avec tant d'ardeur, et parmi lesquels figure ici le fameux *Doctrinal de los caballeros,* composé par Alfonse de Carthagène, évêque de Burgos, et publié dans cette ville en 1487.

Sous le rapport des manuscrits, la bibliothèque de Madrid ne saurait évidemment soutenir la comparaison avec la plupart des grands établissements scientifiques de l'Europe. Elle possède cependant une précieuse collection de manuscrits grecs : les uns appartenaient autrefois au connétable Velasco et furent achetés en 1738; les autres ont été portés de Sicile sous le règne de Charles III. On compte parmi ces derniers plus de soixante volumes dus à la plume de Constantin Lascaris. Réfugié en Europe après la ruine de Constantinople, Lascaris habita successivement Milan, Rome, Naples, répandant autour de lui la connaissance de la langue grecque et des chefs-d'œuvre qu'elle a produits. Il voulait s'embarquer pour aller finir ses jours dans une des îles de la Grèce; mais les habitants de Messine, remplis d'admiration pour sa science, s'opposèrent à son départ et le retinrent parmi eux. Il y mourut en 1493, léguant ses livres au pays qui lui avait offert une si touchante hospitalité. L'Espagne s'est emparée de ce noble héritage; et Charles III, en le déposant dans la bibliothèque de Madrid, lui a fait un don, que la plus riche de ses rivales pourrait à bon droit lui envier.

Je me suis attaché de préférence à l'examen des manuscrits qui renferment des ouvrages de droit. J'espérais, d'après une indication de M. Hænel, trouver un texte de la loi salique [1]. Mais il faut que mes recherches aient été mal dirigées, ou que le savant professeur se soit laissé tromper par les apparences. Je n'ai pu découvrir, en effet, sous le nom de loi salique, que deux opuscules insignifiants : l'un est la traduction espagnole du texte publié par Lindenbrog; l'autre est la copie d'un pamphlet imprimé à Hambourg en 1687, réimprimé à Cologne en 1688, et qui porte pour titre : *La ley salica de la Francia, reducida al moral y descifrada en italiano del doctor Juan Bautista Vestido largo, traducida en español por Diego Barba larga.* Le seul manuscrit de lois barbares que j'aie rencontré est un manuscrit de la loi des Lombards [2], indiqué par M. Pertz [3], et dont M. Merckel fera sans doute usage pour l'édition qu'il prépare.

Je me hâte d'ajouter que la bibliothèque de Madrid est aussi riche en monuments du droit espagnol qu'elle est pauvre à

1. Hænel, Cf. *Catalogi librorum manuscriptorum*, pag. 971.
2. Il porte le n° D. 117.
3. Cf. *Archiv.*, t. VIII.

l'égard des autres pays de l'Europe. On sait que l'Académie royale a fait paraître en 1815 une édition critique du *Forum judicum*, suivi de l'ancienne version castillane à laquelle on donne le nom de *Fuero Juzgo* [1]. Le directeur de la bibliothèque, D. Francisco Gonzalez, a publié vers la même époque la collection si longtemps désirée des canons de l'église d'Espagne [2]. Parmi les nombreux manuscrits, dont ces deux entreprises ont nécessité la collation, plusieurs appartenaient à la bibliothèque de Madrid. J'ai reconnu sous le numéro P. 21 un de ceux qui ont servi à l'édition des canons espagnols, et sous les numéros D. 163, Q. 94, Q. 125 et Q. 185, quatre exemplaires du *Fuero Juzgo* consultés par l'Académie. J'ai vainement cherché deux autres exemplaires, dont cette savante compagnie donne également la description; peut-être faut-il les ajouter à la liste de ceux qui ont anciennement disparu. D'un autre côté, je puis signaler deux volumes qui jusqu'ici paraissent être demeurés dans l'oubli : le premier, coté A. 151, renferme la collection canonique; le second, coté D. 50, contient le *Forum judicum*. Ce dernier n'est, il est vrai, qu'une transcription moderne; mais, d'une part, il offre des leçons que l'Académie ne semble pas avoir connues; d'autre part, il porte les armes et la reliure des livres de Philippe V, et présente sous ce rapport une certaine importance bibliographique [3].

1. *Fuero Juzgo en latin y castellano, cotejado con los mas antiguos y preciosos codices, por la real Academia española*, in-fo, Madrid, 1815.

2. *Collectio canonum ecclesiæ Hispanæ ex probatissimis ac pervetustis codicibus nunc primum in lucem edita a publica Matritensi bibliotheca*, in-fo. La première partie a paru en 1808; l'impression de la seconde partie, retardée par les événements politiques, n'a été terminée qu'en 1821.

3. Je ne tiens pas compte de six volumes in-4o (nos S. 92 et suiv.), qui contiennent des copies toutes modernes ou des collations du *Forum judicum* et de la collection canonique. Ce sont les travaux préparatoires faits au moment de l'impression.

Je ne m'arrêterai pas à décrire les nombreux manuscrits de *Cortès*, de *Fueros*, de *Cartas pueblas* et d'*Ordenamientos*, que possède la bibliothèque de Madrid. Je me borne également à mentionner plusieurs manuscrits des *Partidas*, dont l'Académie d'histoire a fait usage en publiant cette célèbre compilation [1]. Mais je dois insister davantage sur un monument, dont rien, au point de vue juridique, ne saurait égaler l'intérêt; je veux parler de la collection du P. Burriel. Quand les révolutions ont passé sur un pays, détruit ses anciennes institutions et dispersé ses archives, on sent tout le prix de ces vastes recueils, formés par la prévoyance des érudits, et qui peuvent en partie suppléer à la perte des originaux. L'Espagne est aussi riche que la France en monuments de cette nature. Aux travaux de Duchesne, de Dupuy, du président Doat, de l'abbé Decamps et de Fontanieu, elle peut opposer ceux de Muñoz, de Vélasquez, de Lasierra, de Floranez et de Salazar. La plupart de ces collections appartiennent, il est vrai, à l'Académie; mais celle du P. Burriel est restée la propriété de la bibliothèque publique.

Ce savant jésuite, qui mourut à quarante-trois ans d'un excès de travail [2], avait reçu du roi Ferdinand VI la mission d'explorer les archives de Tolède Il demeura trois ans enfermé dans cet impénétrable sanctuaire [3]. Les descriptions, notices, analyses ou copies qu'il en a fait extraire, remplissent plus de cent volumes. Là se trouvent réunis les monuments les plus précieux et les plus rares de la liturgie, de l'hagiographie, de

1. *Las siete Partidas del rey Don Alfonso el Sabio, cotejadas con varios codices antiguos, por la real Academia de la historia*, 3 vol. in-f°, Madrid, 1807.

2. Le P. Burriel, né en 1719, mourut en 1762.

3. La mission du P. Burriel lui fut donnée en 1749, et le rapport, dans lequel il rend compte de ses travaux au confesseur du roi, le P. de Ravago, est daté du 22 décembre 1752. On trouve une traduction française de ce rapport dans le *Journal Étranger* (septembre et octobre 1760).

la législation politique, civile et religieuse, de l'épigraphie, de la diplomatique et même de la poésie espagnoles. Le P. Burriel avait embrassé dans ses recherches tous les genres de littérature; mais une pensée dominante présidait à ses travaux, et, malgré leur apparente diversité, les ramenait sans cesse à un centre commun. Il voulait réunir tous les éléments de l'histoire juridique de son pays, et former un corps complet du droit de l'Espagne depuis l'origine de la monarchie. Un des premiers peut-être, il avait compris que les lois ont besoin d'être éclairées par l'histoire, et que le meilleur commentaire du droit présent se trouve dans les institutions du passé. Armé d'une patience infatigable, il restitua le texte de toutes les lois, de toutes les coutumes, de toutes les ordonnances, qu'il put rencontrer; il transcrivit intégralement plus de deux mille chartes royales; il analysa un nombre immense de chartes privées, pour en tirer tout ce qui concernait l'organisation judiciaire, les travaux publics, les impôts, la condition des personnes et des terres. La mort n'a pas permis au P. Burriel d'écrire l'histoire qu'il avait si laborieusement préparée; mais les matériaux rassemblés par ses soins lui ont heureusement survécu, et forment aux yeux des jurisconsultes la partie la plus précieuse du recueil auquel il a donné son nom.

La bibliothèque de Madrid, comme tous les établissements de ce genre, possède quelques manuscrits précieux, qu'on tient en réserve pour être montrés aux visiteurs. Dans le nombre, je citerai le testament authentique de la reine Isabelle, et deux livres d'heures, ornés de charmantes miniatures, dont l'un a successivement appartenu aux Rois Catholiques et à Garcilaso de la Vega, et dont l'autre contient les portraits de Charles VIII et de Louis XII. Mais peut-être aucun de ces manuscrits n'est-il aussi digne d'exciter la curiosité que les travaux de Palomarès.

Ce célèbre calligraphe, qui mériterait un rang parmi les

véritables artistes, fut pendant quelques années le compagnon du P. Burriel. Il exécuta par son ordre la copie du *Fuero Juzgo* de Murcie [1] et le *fac simile* des liturgies mozarabes de Tolède. La reproduction était si parfaite, qu'il fallut, dit le P. Burriel, faire une marque à l'original, de peur qu'on ne le confondît avec la copie [2]. En 1758, un charlatan vint à Madrid et défia les plus habiles calligraphes d'imiter aussi fidèlement que lui les anciennes écritures. Palomarès s'offrit aussitôt dans la lice; mais quand le charlatan vit quel était son adversaire, il déserta la lutte et disparut. Ce fut à cette occasion que Palomarès composa son chef-d'œuvre, sous le titre de : *Historia del ruidoso desafio sobre escribir letras orientales y antiguas de España*. Ce monument unique de calligraphie demeura pendant plusieurs mois exposé à l'admiration du public; il appartenait en dernier lieu à M. de Laserna Santander, et figure dans son catalogue.

Les travaux de Palomarès conservés à la bibliothèque de Madrid se rattachent à la publication de la célèbre collection des canons espagnols. J'ai dit plus haut que cette publication fut réalisée en 1808 par les soins du bibliothécaire en chef, D. Francisco Gonzalez; mais le projet en était depuis longtemps formé, et les prédécesseurs de Gonzalez, D. Blas Antonio Nasarre et D. Juan de Santander, s'y étaient tour à tour consacrés. Le plan conçu par ces deux savants était vé-

1. Le manuscrit de Murcie est le plus ancien exemplaire connu du *Fuero Juzgo*. D'après une tradition conservée dans le pays, il aurait été donné à la ville par le roi Alphonse le Sage. Ce précieux volume fut prêté au P. Burriel, qui désirait en faire prendre copie. A la mort du savant jésuite il disparut, et pendant soixante ans on ignora ce qu'il était devenu. Il fut retrouvé par l'Académie royale à l'époque où elle préparait la nouvelle édition du *Fuero Juzgo*, et restitué bientôt après à la ville de Murcie. La copie que le P. Burriel fit exécuter par Palomarès existe à la bibliothèque de Madrid sous le n° Y, 201.

2. Voyez dans le *Journal Étranger* (septembre et octobre 1760) le rapport adressé par le P. Burriel au P. de Ravago.

ritablement grandiose : ils avaient choisi pour texte principal un des plus célèbres manuscrits de l'Escurial, le *Codex Vigilanus*[1], et prétendaient en reproduire non-seulement l'orthographe et les abréviations, mais encore les vignettes, les rubriques et toutes les lettres ornées. Palomarès, qu'aucune difficulté n'effrayait, transcrivit sous leur direction le texte entier du *Codex Vigilanus*, et dessina douze planches de la plus grande beauté[2]. On commençait à les graver, lorsque le manque d'argent fit suspendre l'entreprise. Palomarès n'en fut point découragé; il écrivit en effet quelques années plus tard à D. Juan de Santander pour lui soumettre un nouveau projet de la même nature : il offrait cette fois de publier un *fac simile* complet du *Fuero Juzgo*, et promettait de dessiner lui-même chaque feuillet du manuscrit[3]. Enfin en 1798, époque où Palomarès vivait peut-être encore, le successeur de Santander, D. Luis Blanco, revint au plan conçu par Nasarre pour l'édition de la collection canonique, et publia un *specimen* qui n'est plus guère connu que des amateurs[4]. Toutes ces tentatives ont échoué par le défaut d'argent et par l'effet des révolutions; mais la bibliothèque de Madrid garde avec un légitime orgueil le souvenir de l'artiste éminent, dont elle possède en partie les œuvres.

Je l'avouerai cependant, je regrette peu que les brillantes fantaisies de Palomarès n'aient point été réalisées; la science y aurait médiocrement gagné. On possède aujourd'hui des

---

1. On trouve une description détaillée de ce manuscrit dans les *Opusculos* d'Ambrosio de Moralès, dans la préface de la *Collectio canonum* et dans celle du *Fuero Juzgo*.

2. La copie du texte forme 5 vol. in-f°. Il manque le sixième et dernier volume, qui devait contenir les *Indices*.

3. La lettre de Palomarès, datée du 10 décembre 1782, existe à la bibliothèque de Madrid.

4. *Noticia de las antiguas y genuinas colecciones canonicas ineditas de la iglesia española*, 1 vol. in-8°, Madrid, 1798.

éditions du *Fuero Juzgo* et de la collection canonique, exécutées dans les conditions ordinaires de la typographie, et qui suffisent pleinement aux besoins de l'érudition. Je suis plus touché de l'état d'imperfection où l'administration de la bibliothèque laisse les catalogues. La section des livres imprimés en possède à la vérité deux, l'un par noms d'auteurs, l'autre par ordre de matières; mais ils sont manuscrits, le catalogue par noms d'auteurs n'existe même que sur des cartes, et je crois être certain qu'on n'a jamais songé sérieusement à les imprimer. Le catalogue des médailles est loin d'être achevé; celui des antiques devait être publié par le conservateur actuel, D. Sebastian Castellanos, mais la première livraison seule a paru, et l'auteur, découragé par les difficultés, s'est borné depuis à donner une courte notice, qui satisfait à peine la curiosité des visiteurs [1]. Le seul travail important, auquel la bibliothèque de Madrid ait jusqu'ici donné lieu, appartient à la section des manuscrits et date du siècle dernier. Un des conservateurs, helléniste habile et patient, D. Juan Iriarte, entreprit de publier un catalogue raisonné de tous les manuscrits grecs confiés à sa garde. Le premier volume parut en 1769, et fut accueilli par l'Europe savante avec une faveur méritée [2]. Il remplit en effet toutes les conditions qu'on a le droit d'exiger dans les œuvres de cette nature. L'auteur ne s'est pas contenté d'indiquer le format, l'âge et la provenance de chaque manuscrit; il a donné l'analyse détaillée de toutes les matières qui s'y trouvent contenues; il s'est livré à de curieuses recherches sur la biographie des auteurs; enfin, lorsqu'il a rencontré des textes inédits, il les a publiés *in extenso* ou par extraits. Ce travail, digne à quelques égards de servir

---

1. *Catalogo del museo de antiguedades de la bibliotheca nacional de Madrid*, por D. Sebastian Castellanos de Losada, Madrid, 1847, in-12.

2. *Regiæ bibliothecæ Matritensis codices græci manuscripti*, Madrid, 1769, in-f°.

de supplément à la *Bibliotheca Græca* de Fabricius, n'a malheureusement pas été continué; et, depuis Iriarte, la suite du catalogue des manuscrits grecs attend un éditeur. Les inventaires des manuscrits latins, espagnols, italiens et français sont remplis de fautes, d'erreurs et d'omissions. La précieuse collection du P. Burriel n'est pas même encore entièrement dépouillée.

Cet état de choses est d'autant plus fâcheux, que la bibliothèque de Madrid s'est trouvée dans les conditions les plus heureuses et qu'elle en aurait dû profiter. Environnée de la faveur royale, elle a constamment eu pour chefs les hommes les plus distingués de l'Espagne. Aux noms de Nasarre, de Santander, d'Iriarte, de Blanco, de Gonzalez, que j'ai déjà cités, il faut joindre ceux de Ferreras, de Mayans y Siscar, de Casiri, de Pellicer, de Bayer, de Conde, de Moratin. N'est-il pas regrettable qu'aucun de ces écrivains, si l'on excepte Iriarte, n'ait consacré ses loisirs à faire connaître les richesses du dépôt qui lui était confié? Je sais que les révolutions, dont l'Espagne est depuis cinquante ans le théâtre, ont paralysé bien des entreprises et ruiné bien des espérances littéraires. Le mode d'organisation intérieure, le personnel des employés, le titre même de la bibliothèque ont changé presque autant de fois que la forme du gouvernement [1]. Mais cette raison n'est pas suffisante pour expliquer l'incurie que j'ai signalée. La cause en est dans l'opinion, malheureusement répandue à Madrid comme ailleurs, qu'un travail de catalogue n'est pas digne des méditations d'un savant. Il faut espérer que les hommes éminents, qui dirigent aujourd'hui la bibliothèque de Madrid, D. Manuel Breton de los Herreros, D. Agustin Duran, D. Se-

---

1. En 1836, à la suite d'un *pronunciamiento*, la bibliothèque de Madrid échangea, pour la troisième ou quatrième fois, le titre de *Bibliotheca real* contre celui de *Bibliotheca nacional*, qu'on a eu depuis lors le bon sens de lui conserver.

bastian Castellanos, se rappelleront qu'Assemani, Lambecius et Bandini ont acquis par leurs catalogues un rang distingué dans l'érudition, et qu'ils imiteront leur exemple pour obtenir un jour la même estime.

SECTION DEUXIÈME.

DESCRIPTION DU MANUSCRIT F. 58 DE LA BIBLIOTHÈQUE DE MADRID.

Le savant Ambrosio de Moralès, chargé par Philippe II de visiter les églises des Asturies [1], trouva dans les archives de la cathédrale d'Oviedo un manuscrit précieux, dont il a laissé la description [2], et qu'il a plusieurs fois cité dans le cours de ses ouvrages [3]. Ce manuscrit renfermait une généalogie des rois wisigoths, la fameuse *division* des évêchés d'Espagne attribuée au roi Wamba, la chronique de Sébastien évêque de Salamanque, celle de Julien archevêque de Tolède, celle de Sampire évêque d'Astorga, celle de Pélage évêque d'O- viedo, celle qu'on a longtemps désignée sous le faux nom de *Wulsa*, quelques lettres du roi Sisebut, la vie de saint Di- dier écrite par ce prince, un certain nombre de pièces rela- tives à l'évêché d'Oviedo, enfin une collection de formules juridiques, telles que donations, testaments, contrats de mariage et chartes d'affranchissement. Moralès reconnut aus- sitôt le texte original d'une compilation célèbre, désignée vulgairement sous le nom d'*Itacius* et composée par l'évêque Pélage. Les premiers feuillets étaient écrits de la main de

---

1. La relation du voyage de Moralès a été publiée par Florez, Ma- drid, 1765; et réimprimée dans le t. X de la *Coronica general de España*, Madrid, 1792, in-4º.

2. Cette description se trouve dans l'*España sagrada*, t. XXXVIII, Append. nº 40.

3. *Coronica general de España*, lib. XI, c. 57; lib. XII, c. 29.

l'auteur, et tout porte à croire qu'il avait déposé lui-même cet exemplaire dans les archives de son église.

La compilation de Pélage a beaucoup exercé la sagacité des critiques. Elle comprend en effet les plus anciennes annales de l'Espagne, et c'est elle qui en a transmis la connaissance aux historiens de l'âge suivant. Elle a donc eu sur leurs écrits et sur leurs opinions une influence considérable. Aussi Moralès, Antonio, Bayer, Florez et Risco l'ont-ils soumise à un examen approfondi. J'exposerai brièvement le résultat de leurs investigations.

Pélage monta sur le siége épiscopal d'Oviedo en 1101. Il prit une part active aux affaires de son temps, et notamment aux guerres civiles qui marquèrent le règne d'Urraque, fille d'Alphonse VI. En 1129 il abdiqua ses fonctions pour achever sa vie dans la retraite et se consacrer entièrement à la rédaction de son ouvrage[1]. La simple énumération des documents qu'il a réunis fait connaître à la fois son but et sa méthode. Ces documents se divisent en deux classes : les uns sont réellement son œuvre, par exemple la généalogie des rois wisigoths et la chronique qui fait suite à celles de Julien et de Sampire; les autres ont été seulement recueillis par ses soins et transcrits sous sa direction.

Les critiques se sont en général montrés défavorables à ce double travail. Risco assure que comme écrivain original Pélage montre peu de jugement et ne mérite pas une confiance entière. Son rôle comme compilateur est jugé plus sévèrement encore. Ferreras, Pellicer et Florez l'accusent de nombreuses infidélités; Mariana lui-même, que ses propres péchés auraient dû rendre plus indulgent, lui donne le surnom de *fabuloso*.

Il paraît en effet certain qu'en faisant copier les écrits de

______

1. *España sagrada*, t. XXXVIII, p. 108.

ses devanciers, l'évêque d'Oviedo les a gravement altérés. C'est ainsi qu'il attribue la chronique de Julien de Tolède à Julien l'Africain, confusion d'autant plus grossière que celui-ci vivait au cinquième siècle et que celui-là écrivait à la fin du septième; qu'il fait commencer la chronique de Sébastien de Salamanque à l'invasion des Arabes et aux premiers faits d'armes du roi Pélage, lorsqu'elle devrait embrasser les règnes antérieurs de Wamba, d'Ervige, d'Égica, de Witiza et de Rodrigue; qu'il fait au contraire commencer la chronique de Sampire aux successeurs immédiats d'Alphonse le Chaste, Ramire et Ordoño, tandis que l'histoire de ces princes est en réalité l'œuvre de Sébastien. Ce n'est pas tout : il interrompt sans cesse la narration de ces auteurs pour y insérer des fragments d'histoire locale, des anecdotes, des légendes, des diplômes et même des actes de conciles d'une authenticité au moins contestable. Ces interpolations relatives à la translation d'une châsse miraculeuse sauvée de Tolède par les chrétiens fugitifs, à la découverte du corps de sainte Eulalie, à l'établissement du siége épiscopal d'Oviedo, à la construction d'une église ou à la fondation d'un monastère dans les Asturies, sont quelquefois annoncées par ces mots *Additio Pelagii episcopi Ovetensis*, mais le plus souvent elles sont confondues avec le récit original, et la critique la plus attentive ne réussit pas toujours à les en distinguer [1].

La pièce la plus importante que Pélage soit accusé d'avoir fabriquée est la *division* des évêchés d'Espagne attribuée au roi Wamba. Ce document figurait dans le manuscrit d'Oviedo comme l'œuvre d'Idace : *Vocatus est iste liber Ithatius*, disait une glose marginale copiée par Moralès, *ab eo qui eum scripsit nomen accepit*. Une tradition dépourvue de critique avait même étendu le nom d'*Idace* à la compilation tout

______

1. Antonio, *Bibliotheca vetus*, lib. VI, c. 10, § 251.

b.

entière, et c'est pour cela que les premiers écrivains qui ont fait usage de ce recueil l'ont désigné indifféremment sous le nom de *Codex Ovetensis*, ou sous celui d'*Itacius Ovetensis*. Le savant Florez a réuni tous les arguments propres à montrer que la *division* des évêchés n'a pu être ni décrétée par le roi Wamba, ni rédigée par le chroniqueur Idace, mort bien des années avant le règne de ce prince; cette pièce, si longtemps regardée comme authentique, n'est à ses yeux qu'une fabrication du douzième siècle, et le faux Idace dont elle porte le nom n'est autre que Pélage lui-même, qui, pour donner du crédit à son œuvre, l'a mise sous le patronage d'un écrivain célèbre et d'un roi vénéré [1]. Les conclusions de Risco sont moins sévères que celles de Florez : il reconnaît l'existence d'un écrivain nommé Idace, contemporain d'Alphonse le Chaste; il prouve que la *division* des évêchés était connue avant le douzième siècle et qu'elle existait dès lors dans les archives de plusieurs églises; il avoue seulement que l'évêque d'Oviedo a traité ce document comme les chroniques de Sébastien et de Sampire, et qu'en le faisant transcrire il l'a dénaturé [2].

Je ne veux pas nier que Pélage ait commis beaucoup d'erreurs et d'infidélités. Les progrès de la critique et l'étude comparée des manuscrits ont permis, jusqu'à un certain point, de restituer les textes qu'il avait altérés; mais la sincérité des annales espagnoles a longtemps souffert de ses interpolations. Il me semble toutefois que son recueil méritait plus d'indulgence qu'il n'en a rencontré. La pensée de réunir en un seul corps les plus anciens monuments de l'histoire d'Espagne indique un esprit curieux du passé et zélé pour la gloire de son pays. Si même on compare cette entreprise à celles de la plupart des chroniqueurs, qui reproduisaient l'œuvre de

1. *España sagrada*, t. IV, p. 203 et suiv.
2. *España sagrada*, t. XXXVIII, p. 118 et suiv.

leurs devanciers en se l'appropriant, on doit reconnaître dans le procédé de Pélage un certain désintéressement. Quant aux altérations dont il s'est rendu coupable, il faut se rappeler qu'elles ont toutes pour but de rehausser l'éclat du siége d'Oviedo et d'agrandir ses priviléges. C'est un tort commun aux écrivains du moyen âge : l'église où ils passaient leur vie devenait l'objet exclusif de leurs affections; ils étaient fiers de son illustration, de sa puissance, de ses richesses, et pour les augmenter ils donnaient sans scrupule aux traditions les plus vagues la forme précise d'une charte, d'un diplôme, d'une bulle ou d'un concile.

Quoi qu'il en soit, le formulaire juridique compris dans la compilation de Pélage, et qui fait seul l'objet de mon travail, me semble par sa nature même à l'abri de tout reproche. Si le soupçon peut quelquefois porter sur un diplôme qui établit un privilége ou qui fournit la preuve d'un droit, il ne saurait atteindre un recueil destiné seulement à conserver les formes diplomatiques pour servir de guide aux praticiens.

J'aurais donc mis tous mes soins à chercher le *Codex Ovetensis*, si l'exemple de Risco ne m'eût appris d'avance l'inutilité de mes démarches. En effet le savant continuateur de l'*España sagrada* avait désiré vivement connaître le texte original de Pélage; mais tous ses efforts pour le retrouver demeurèrent sans succès. Il donne lui-même à ce sujet de curieux détails, et montre comment, en dehors des révolutions, par le seul effet du temps, de la négligence, des infidélités, ou même par l'abus du pouvoir royal, les églises d'Espagne ont été progressivement dépouillées [1]. Rien n'est plus instructif sous ce rapport que l'histoire de la bibliothèque d'Oviedo. En 1500, l'évêque D. Juan Daza, se trouvant à Séville auprès des Rois Catholiques, écrivit à son chapitre de

____
1. *España sagrada*, t. XXXVIII, p. 113.

lui envoyer plusieurs manuscrits relatifs aux anciennes circonscriptions diocésaines du royaume; les chanoines obéirent,
mais les manuscrits ne retournèrent jamais dans les Asturies.
Quelques années plus tard, D. Diego de Muros, successeur
de D. Juan Daza, fonda le collège de Saint-Sauveur à l'université de Salamanque, et lui fit présent de sa bibliothèque
particulière ainsi que de nombreux manuscrits appartenant
à son église, dont il se croyait sans doute le droit de disposer. Lorsqu'en 1572 Moralès visita par ordre de Philippe II les églises des Asturies, il put constater au moyen
d'un ancien inventaire les pertes faites par la bibliothèque
d'Oviedo, et cependant il déclara que cet établissement était
encore le plus riche de tous ceux qu'il venait d'explorer.
Peut-être Moralès a-t-il contribué lui-même à diminuer cette
richesse, s'il faut en croire l'opinion généralement répandue
sur l'objet de son voyage. On assure en effet qu'il avait reçu
de Philippe II la mission de noter tous les manuscrits précieux, et que le roi se servit plus tard de ses indications pour
se faire offrir par le chapitre ceux qu'il avait jugés dignes
d'entrer à l'Escurial. Les mêmes abus se sont depuis lors
fréquemment renouvelés, les rois montrant la même exigence,
les chanoines la même faiblesse; si bien qu'à la fin du siècle
dernier il ne restait à Oviedo qu'*un seul* des ouvrages décrits
par Moralès. Risco fit le voyage des Asturies pour mieux s'en
assurer; il trouva dans les archives de la cathédrale les ordres
en vertu desquels plusieurs volumes avaient été successivement
enlevés; mais la plupart avaient disparu sans laisser de traces,
et dans le nombre se trouvait malheureusement celui qui faisait l'objet principal de ses recherches.

La perte du manuscrit original de Pélage paraît donc certaine; mais elle n'est pas irréparable. A une époque déjà reculée, on en connaissait plusieurs copies, que les écrivains des
seizième et dix-septième siècles ont eues entre les mains :

l'une appartenait à Garcilaso de la Vega, qui l'avait trouvée à Batrès parmi les livres de son aïeul Perez de Guzman; une autre avait été prêtée à l'historien Florian de Ocampo par les franciscains de Zamora; la bibliothèque de Compludo en possédait une troisième; enfin Moralès en avait fait exécuter une dernière pendant son séjour à Oviedo. J'ignore si les trois premières existent encore; elles étaient du reste incomplètes, et j'ai pu me convaincre par les descriptions qu'en donnent Moralès[1] et Bayer[2] que le formulaire ne s'y trouvait pas. La quatrième appartient aujourd'hui à la bibliothèque de Madrid; elle porte le numéro F. 58, et reproduit littéralement tout ce qui était compris dans le *Codex Ovetensis*.

C'est d'après cette copie, dont la science de Moralès garantit la fidélité, que je publie le texte encore inédit des *Formules Wisigothiques*. Ces formules, au nombre de quarante-six, offrent le modèle de tous les actes usités dans la pratique. Elles paraissent avoir été rédigées sur de véritables diplômes, dont on a seulement retranché les dates et les noms propres. L'ordre méthodique dans lequel elles sont rangées prouve qu'elles appartiennent toutes à la même collection.

En rencontrant ce formulaire dans une compilation destinée à réunir les monuments historiques de l'Espagne, on est conduit naturellement à lui attribuer une origine espagnole. La mention du roi Sisebut, celle de la ville de Cordoue, celle du royaume et de la nation des Goths, qu'on lit dans les formules 9, 20 et 25, changent cette présomption en certitude. Quelques autres indications peuvent également servir à déterminer l'époque où il fut composé. Les formules 4, 6, 7 et 14 nomment tour à tour les Sentences de Paul, la stipulation Aquilienne et la loi Pappia-Poppæa; la formule 24 oppose le droit *civil* au droit *prétorien*. N'est-il pas probable

---

1. *España sagrada*, t. XXXVIII, Append., nº 40.
2. Antonio, *Bibliotheca vetus*, p. 14 (en note).

que ces citations sont antérieures au règne de Chindaswind, ou du moins à celui de Receswind? On sait en effet que ces deux rois, dont le premier mourut en 652 et le second en 672, prohibèrent par des lois formelles l'emploi du droit romain [1]; et l'on ne comprendrait pas que depuis lors les praticiens aient mentionné dans les actes une législation dont l'usage venait d'être officiellement proscrit.

Les *Formules Wisigothiques* appartiennent donc à l'époque où les vainqueurs et les vaincus formaient encore deux peuples distincts. On y reconnaît les principes du droit germanique dans la constitution dotale faite à la femme par son mari, dans le *morgengabe* et dans la faculté laissée à l'homme libre de disposer de sa liberté. On y retrouve l'application du droit romain dans les donations, les testaments, les ventes, et dans l'usage d'insinuer les actes parmi les registres de la curie. On y rencontre enfin l'influence naissante du droit canonique, au sein duquel les deux autres étaient destinés à se confondre.

A tous ces points de vue, ce formulaire a la plus grande analogie avec les recueils contemporains de la France et de l'Allemagne. La formule 34 mérite cependant une attention particulière. Elle offre le seul modèle connu jusqu'ici des actes d'émancipation, et fournit un curieux exemple des modifications que le droit romain avait insensiblement subies. L'émancipation, au temps de la jurisprudence classique, se composait encore de mancipations et de manumissions successives, suivies de la rétrocession faite par l'acheteur au père de famille et de l'affranchissement définitif conféré par ce dernier à l'émancipé [2]. Nous savons par le *Bréviaire d'Alaric* qu'au sixième siècle la plupart de ces solennités étaient tombées en désuétude, que l'*emptor* et le *libripens* avaient été réduits

---

1. Cf. Loi des Wisigoths, liv. II, tit. I, § 8 et 9.
2. Cf. Gaius, *Comment.* I, § 134.

au simple rôle de témoins, et que l'émancipation pouvait se faire devant les magistrats municipaux aussi bien que devant le préteur ou le président de la province [1]. La formule dont il s'agit nous montre une simplification nouvelle : il n'y est plus question de magistrat ni même de témoins ; le père émancipe directement son fils *per epistolam*, et de toutes les fictions de l'ancien droit il ne reste qu'une pièce de monnaie offerte par le fils à son père comme prix symbolique de sa liberté.

Je voudrais en finissant résoudre une dernière question : Pélage a-t-il rédigé lui-même les *Formules Wisigothiques?* Je ne le pense pas, et je crois plutôt qu'il s'est borné à recueillir l'œuvre de quelque vieux praticien. Il me semble en effet probable que si l'évêque d'Oviedo avait voulu composer un formulaire, il n'aurait pas choisi pour modèles des actes antérieurs de trois siècles au temps où il vivait.

1. Gaius, tit. VI, § 3 (ap. *Leg. Roman. Wisigoth.*, ed. Hænel).

TABLE DES RUBRIQUES.

FORMULES WISIGOTHIQUES.

·I.

[Sine rubrica] [1].

. . . . posterum denique ne inquietudo in vos aliqua incumbat, aut contra hoc factum nostrum irrita adversitas impugnet, tali maluimus iudicio presenti tramiti pœna subiungere. Sit ille Deo reus, sit a sancta conmunione alienus, sit a consortio iustorum extraneus, sit a grege catholico segregatus, atque dum ille tremende examinationis iuditii dies illuxerit, inter impiorum cruciamenta sortis Iude damna substineat, inter crepitantibus flammis æternis conflagretur incendiis, sitque erga hominibus manendo obnoxius. Illa parti vestræ suppleat, quæ de maculanda ingenuitate legalis sonat sentencia [2]; hunc vero factum nostrum nequaquam disrumpere valeat. In quam rem, vi doloque secluso, præsens presentibus stipulatus sum et spopondi, subter manu mea subscripsi, et testibus a me rogitis pro firmitate tradidi roborandam, Aquiliam quippe conmemorans legem, qui omnium scripturarum suo vigore iugiter corroborat actos [3].

1. Le manuscrit ne nous a conservé que la dernière partie de cette formule; mais on reconnaît sans peine qu'elle offrait le modèle d'un acte d'affranchissement.

2. Cette phrase fait allusion à un passage des Sentences de Paul, conservé dans le Digeste (liv. XL, tit. XII, l. 39, § 1), où la peine de l'exil est prononcée contre celui qui conteste faussement l'état d'un ingénu. Rien ne prouve mieux l'assimilation qui s'était faite au moyen âge entre la condition des ingénus, c'est-à-dire des hommes nés libres, et celle des affranchis.

3. Au sujet de la stipulation Aquilienne, cf. Paul. *Receptæ sententiæ*, liv. I, tit. I, § 3; Pardessus, *Loi salique*, p. 646.

1

Facta cartula libertatis, in civitate illa, sub die calendis illis, anno illo illius regnan[tis], era illa.

Ego ille hanc cartulam libertatis in predictorum personas a mea voluntate collatam relegi, cognovi et suprascripsi; sunt dies et annos et era quæ supra.

Ille rogitus a domino et fratre illo in hanc cartulam libertatis ab ipso factam testamentum suprascriptum [1], die, anno et era qua supra.

II.

ALIA.

Ille, illi liberto nostro salutem. Incertum vitæ tempus, quo mortali ducimur; nulli cognoscimus dies, quia nec initium nascendi novimus, dum in hac vita venimus, nec finem scire possumus, dum a seculo presenti transimus. Hæc res nos excitat ut aliquem beneficium ante Deum invenire mereamur. Quamobrem ingenuum te civemque romanum esse constituo atque decerno, ut ab hodierna die ubi ubi manendi, vivendi laremque fovendi[2] volueris, liberam in Dei nominis habeas potestatem. Nam et ut hæc libertas plenissimam habeat firmitatem, do et dono tibi hoc et illud cunctoque peculio [3].

1. Il faut corriger *suprascripsi*, comme dans la phrase qui précède.

2. L'expression *larem fovere* ou *vovere*, qui se trouve reproduite dans la cinquième formule, est fréquemment employée dans le Code de Théodose; on la rencontre également dans le Code Justinien (lib. I, tit. III, const. 49, § 2) et dans plusieurs documents des siècles postérieurs. Cf. Ducange, *Glossarium mediæ et infimæ latinitatis*, v° LAR.

3. L'usage d'abandonner aux esclaves qu'on affranchissait la propriété de leur pécule était général au moyen âge. On en trouve la preuve dans la plupart des chartes ou formules d'affranchissement qui nous sont demeurées. La loi des Wisigoths (liv. V, tit. VII, § 14) considérait même le pécule comme appartenant de plein droit à l'affranchi, toutes les fois que le maître n'avait pas inséré dans l'acte d'affranchissement une condition contraire. Mais il paraît qu'en dehors du pécule l'affranchi wisigoth recevait souvent d'autres libéralités, destinées à le maintenir dans la dépendance de son ancien maître. Ces libéralités faisaient retour au donateur, si l'affranchi venait à l'abandonner pour se choisir un autre patron. Cf. Loi des Wisigoths, liv. V, tit. III, § 1, 3 et 4.

III.

ALIA.

Cum humanis sensibus omnia, quæ ex bona voluntate proveniunt, Dei arbitrio probantur infundi, id maxime divinæ exhortationis esse dignoscitur, cum ad favorem libertatis animus provocatur. Hac itaque contemplatione permoti, quicquid in vobis nubilum contulerat origo nascendi, ad splendorem ingenuitatis habita magnificentia institui roborare. Proinde ex hac die ad instar civium romanorum ingenuum te civemque romanum esse constituo atque decerno; ea tamen conditione servata, ut, quousque advixero, ut ingenuus in patrocinio mihi persistas et ut idoneus semper adhereas[1]; post obitum vero meum, nullius reservato obsequio, ubi ubi manendi, ...

IV.

ALIA.

Fidelium famulorum servitia inmaculata mentis obedientia ministranda condigna merito libertatis beneficia consequuntur; hæc enim nunquam sunt nefanda commertia, qnando quidem fideliter servientibus provocamur recompensare dignissima premia. Et ideo inofensibilem servitiorum vestrorum sedulitatem pensantes nobisque ante Deum sortem beatitudinis acquirere cupientes, mercedis intuitu compellimur debitum vobis relaxare servitium et splendidum idoneumque conferre libertatis statum. Quapropter ingenuum te civemque romanum esse constituo atque decerno, ut, abstersâ a vobis omni originali macula ac fece servili, perfectu gradu pergendo, nullius reservato obsequio, in splendidissimo hominum cœtu atque in aulam ingenuitatis plerumque vos esse congaudete; ita ut ab hac die ubi ubi. . . . .

---

1. Le mot *idoneus* est ici synonyme d'*ingenuus*, et ne désigne rien autre chose que l'état de liberté. C'est dans le même sens qu'on lit dans la 44ᵉ formule de Sirmond : *Et dum ego in caput advixero*, INGENUILI ORDINE *tibi servitium vel obsequium impendere debeam*. Cf. Marculf., liv. II, form. 38.

1.

V.

ALIA.

Ille, dilectis meis illis libertis salutem. Quia semper sunt apud Deum quærenda animæ remedia et salutifero consilio bonorum est operum devotio celebranda, qui et peccata exiliet et augeat merita, et ideo servitii conditio est præmio muneranda, ut ad eternam perveniat libertatem. Pro qua re vestræ devotionis contemplatus servitia, ingenuos civesque romanos vos esse decerno; et ideo, relaxato omni peculio, quod habere visi estis, in vestro maneat iure, et donamus vobis de propria facultate nostra propter confirmandam ingenuitatem vestram in loco illo hoc et illud, quod nobis ex munifecencia gloriosi domini nostri illius in iure advenit; ita tamen ut, quousque advixero, ut ingenui obsequium mihi prestare debeatis, post obitum vero meum, ubi ubi larem vovere volueritis, liberam habeatis potestatem. Quod etiam iuratione confirmamus per divini nominis maiestatem et regnum gloriosissimi domini nostri illius regis, quia mihi nunquam licebit contra hunc mercedis meæ factum venire, neque a quacumque infrangi unquam persona. Quod si forte, quod fieri non credo, contra hanc libertatem aut ego aut quicumque venire temptaverit, primitus iuditium Dei incurrat, et a sacrosancto altario efficiatur extraneus, et sicut Datan et Abiron vivus in infernum descendat, et cum Iudam Scarioth participium sumat, et insuper inferat vobis auri libras tantas, et nec sic quoque hanc libertatem inrumpere permittatur. In quam rem. . . . . . .

VI.

ALIA [1].

Ille in Christi nomine episcopus, illi liberto nunc salutem [2]. Quoniam quisquis ille meretur suam in Domino percipere palmam,

1. Cette formule, autant que l'obscurité du texte permet d'en juger, présente le modèle d'un affranchissement destiné à faire entrer l'affranchi dans les ordres sacrés. Le quatrième concile de Tolède (can. 73 et 74) et la loi des Wisigoths (liv. V, tit. VII, § 18) font connaître les conditions imposées par la législation wisigothique aux manumissions de cette nature.

2. On trouve dans le quatrième concile de Tolède (can. 68) les règles des affranchissements faits par les évêques.

tunc demum a divinitate ingeruntur desiderii lucra, ut deprecanti sibi quæ quærit inveniat, et alii moveantur corda famulati officiositatem dignam impertire salutem, ut diu divinitus compungat fortuitu accendente corda, quo et annis senibus vires augescant et intra clausuram cordis obstrusæ ianuæ separentur. Et quoniam divina præcepta sanxerunt ut plenissime fidelitatis statum, abstersa obscuritate, apti luminis fæcundissime lumen conscendas, proinde ut ab angulo sanctæ ecclesiæ illius, qui nos cathedram apostolicæ doctrinæ, imperante domino Ihesu Christo, propitius elegit conscendere, omni voto integritatis hoc maluimus hordinare, ut exutos vos ab omni fece conditionis in splendide ingenuitatis florentissimo cursu vos cognoscatis fuisse ingressos; nec unquam a successoribus nostris, quos catholica fides venerabilis eligere et conservare iuvebit antistes, humilitatis nostræ premia, quæ prona largitate vobis noscimur contulisse, inrumpere conabuntur, quibus repromissa misericordia suis cœlitus reservat temporibus. Ergo estote ab hac die liberi, estote ingenui civesque romani, et, genetale nube detersa, ad splendidiora pervenite misteria [1], quæ divina faciente misericordia vobis probantur fuisse indulta, quibus opto ut tam fratribus quam filiis in auribus grata perpatescant. Et ut vobis aula ingenuitatis fortissime roboretur, necessarium nobis est ut muneris prosequente largitate huius paginæ textus in omnibus suppleatur : pro qua re donamus vobis ex privilegio sanctæ ecclesiæ illius, cui Deo auctore deservimus, hoc et illud cunctoque peculio vel peculiare vestro, sive quod nunc habere videmini, seu quod in diebus vitæ nostræ profligaveritis; omnia, ut diximus, vobis concedimus, quod per huius confectæ libertatis paginam habeatis, teneatis, possideatis, iure vestro in perpetuum vindicetis ac defendatis, vel quicquid ex hac re vobis tradita voluntas fuerit faciendi, perpetim habeatis potestatem, sacramenti fide interposita per hoc et illud, quia hoc firmum perpetuumque mansurum esse, quod prona largitate vobis constat fuisse concessum, nec quispiam contra factum meum venire conabit. Si quis vero, quod fieri non reor, ex adverso consurgens contra huius epistolæ materiem venire conaverit, sacrilegii crimine teneatur obnoxius, et nec sic huius paginæ valeat fundamenta disrumpere. Cui rei, vim doloque secluso, presens presentibus vobis stipulatus sum et spopondi,

1. Peut-être faut-il corriger *ministeria.*

atque Aquilianæ legis innodatione subinterfixa, qui omnium scripturarum solet adicere plenissimam firmitatem.

Quam cartulam manu mea subscripsi.

VII.

FORMULA [1].

. . . . et unitas indivisa et regnum gloriosissimi domini mei illius regi gentique suæ salutem, quia hoc, quod prona et
propria voluntate sinceraque devotione obtulimus, omni stabilitate
esse mansurum, et neque a me neque ab herederis vel proherederis
meis neque ex transverso in lite veniente persona hoc aliquatenus
esse solvendum [2]. Si quis sane, quod fieri non reor, contra hanc
nostræ oblationis cartulam venire conaverit, stante huius cartulæ
firmitatem, aliud tantum, quantum obtulimus ecclesiæ vestræ, ex
suo proprio gloriæ vestræ vel ad cultores vestros persolvat, et iuditium Iude Scariotis sumat, ut in eius condemnatione conmunem
habeat participium, ac in adventum Domini sit anathema mara-
natha, vel in hoc seculo exors ab omni cetu catholicæ religionis,
Gyezi lepra percutiatur, qui nostræ oblationis cartulam sacrilega
mente inervare voluerint; hæc transgressor, divina ulciscente se-
veritate, suscipiat, nulla tamen ratione huius nostræ oblationis
formam inervare valeat. In quam cartulam presens præsentibus
stipulatus sum et spopondi. Et quia literas ignoro, rogavi et domi-
num et fratrem illum, qui pro me suscriptor accessit; ego vero
manu mea signum feci et testibus a me rogitis bene natis viris pro
firmitate tradidi roborandam, Aquilianam quippe commemorans
legem, qui omnium scripturarum plenissimam tribuet firmitatem.

Facta cartula oblationis sub die calendis, in loco illo, anno illo,
regnant[e] illo, era illa.

Ille rogitus a domino et fratre illo, quia ipse literas ignorat, pro
eum scriptor accessi, et hanc oblationem ab eius voluntate factam

1. Une glose marginale ajoute à la rubrique l'explication suivante : *Oblatio
ecclesiæ vel monasterio facta.* On voit en effet par la clause finale que cette
formule, tronquée par le copiste, offrait le modèle d'une donation à un établissement religieux.

2. Cette phrase, dont il ne reste que la dernière partie, devait contenir un
serment solennel, analogue à celui qu'on trouve plus haut dans la cinquième
formule.

pro confirmationem suæ personæ subscripsi; ipse vero subter manu sua signum fecit sub die, anno et era quæ supra.

Signum illius, qui hanc oblationis cartulam cum rebus conlatis sancto martiri illi spontanea voluntate contulit.

VIII.

ALIA FORMULA [1].

Dominis sanctis atque gloriosissimis et post Deum nobis felicissimis patronis, venerandis illis martiribus, quorum reliquiæ in basilica, qui in loco illo fundata est, requiescunt, illi et illi peccatores servi vestri. Piaculorum nostrorum cupientes expiare flagitia et peccatorum nostrorum oneris prægravationem orationum vestrarum desiderantes adiutorio sublevari, parva pro magnis offerimus munuscula. Nullius quidem in hoc seculo hominum vos indigere censum scimus, quia iam per sanctificationem Dominus noster suo in regno propitio dictatos munere cumulavit : ergo pro luminaria ecclesiæ vestræ atque stipendia pauperum vel [eorum], qui in aula beatitudinis vestræ quotidianis diebus deservire videntur, donamus gloriæ vestræ in territorio illo loco illo ad integrum, sicuti a nobis nunc usque noscitur fuisse possessum, cum mancipiis nominibus designatis, id est illis et illis, cum uxore et filiis, similiter edificiis, vineis, silvis, pratis, pascuis, paludibus, aquis aquarumque ductibus, vel omni iure loci ipsius; [hæc], ut diximus, gloriæ vestræ deservientes pro luminaria ecclesiæ vestræ atque stipendia pauperum vel substancia sua, absque episcopali impedimento [2], post iure gloriæ vestræ perpetuo tempore debeant vindicare; et nec vendere, nec donare, nec modicum aliquis alienare præsumat, sed integrum, ut nostra oblationis continet forma, perpetuo tempore cultores ecclesiæ vestræ post vestro vindicent iure. Quod si quispiam ex cultores basilicæ vestræ ex hoc, quod prona voluntate et sincera devotione obtulimus, per tepiditate naufragaverit, aut per quolibet contractu vel modicum a iure sanctæ ecclesiæ vestræ alie-

---

1. La glose marginale ajoute à cette rubrique, comme à la précédente, l'explication suivante : *Oblatio ecclesiæ vel monasterio facta*.

2. Le droit des évêques sur les biens donnés aux églises était limité par des règles, qu'on trouve exposées dans la loi des Wisigoths (liv. V, tit. I, § 3 et 6), dans le quatrième concile de Carthage (can. 31 et 32) et dans le troisième concile de Tolède (can 3).

nare presumpserit, nullatenus valeat; sed ubi hoc successor eius primum esse repererit, ut legis est exinde sentencia, nullius spectato iudicio, sine alicuius controversia in iure sancto vestro faciat revocare. Quod etiam iuratione. . . . .

IX.

ALIA, QUAM FACIT REX, QUI ECCLESIAM ÆDIFICANS MONASTERIUM FACERE VOLUERIT.

Domino glorioso ac triumphatori beatissimo illi martiri, ille rex. Si beneficiis divinitus nostra compensetur oblatio, parvi penditur quod offerimus, qui quod sumus, quod vivimus, quod veri capaces quodque regno præditi et rerum domini sumus celesti largitate percepimus; sed quoniam omnis oblatio pro fidei quantitate et sinceritate pensatur, non putamus esse menima, que magna fides Deo consecrat. Superno enim nobis dono præstitum congaudemus ecclesiam tuam, gloriose martir ille, novis fundamentis novisque culminibus sublimasse. Hac dum sit nostra erga omnibus sanctis familiaris oblatio omniumque martirum patrocinia sedulis oficiositatibus expectamus, voto tamen consilioque censuimus evidenti parientia et clarioribus factis vestrum, beatissime martir, implorare favorem. Ergo, ut nobis et apud Deum et apud vestram dignationem sors beatitudinis commodetur, congregationem monachorum in eundem locum, quo sacrosancti vestri corporis thesauri conquiescunt, esse decrevimus, quibus iugiter Deo vestræque memoriæ condigne servientibus et iuxta patrum more, qui monachis normam vitæ posuerunt, conversantibus, sit votum nostrum consumata mercede firmissimum et perpetuitate temporum propagatum. Offerimus ergo gloriæ vestræ de patrimoniis nostris, pro reparatione eiusdem ecclesiæ, pro luminaribus iugiter accendendis, pro adolendis odoribus sacris et sacrificiis Deo placabilibus immolandis, pro victu regularium vel vestitu eorum monachorum, qui in vestro monasterio morabuntur, pro susceptione peregrinorum et sustentationibus pauperum, possessionem, cui vocabulum est illud, cum mancipiis, terris et vineis omnique iure eius atque adiunctionibus ad memoratum locum pertinentibus, et loco illo et illo. Quarum possessionum ius semper et usus pro nostræ perpetuitatis mercedem nostrisque abluendis delicti vestro sit nomine dedicatus, nihil exinde quolibet sacerdote ad ius ecclesiasticum conmutante nihilque abbate in quamlibet personam quolibet contractu transferentem; sed quod offerimus ea sola ministeria suppleant et officia, quæ superius manent taxata [1]. Hoc divino testimonio per etates succiduas futuros præmonemus abbates nec votum hoc nostrum sua qualibet tepida conversatione dissolvant : quod si a rectitudine regulari vel abbates vel congregatio ipsa declinare tentaverint, sacerdotali censura correpti ad normam regularem ducantur. Obtestamur etiam eos, quibus post fælicissimis temporibus nostris regnum dabitur, per æterni regis imperium (sic Deus Gotorum gentem et regnum usque in finem seculi conservare dignetur!), ut de nostris oblationibus cunctis, quibus Deo placere studuimus, nihil auferre, nihil emutilare presumant, dum nos evidentius constet pro nostram et pro Gotorum salutem talibus Deo placere voluisse muneribus. Si quas autem deinceps auctoritates devotio nostra glorioso vestro conscripserit nomini, huius auctoritatis vigore constabunt. Suscipe hoc munus, gloriose martir ille, meritisque tuis divinis vultibus offerre.

X.

ALIA [2].

Dum catholica mens providum animæ remedium concupiscat et sinceritas cordis erga Deum prompta faciat manere cordis arcana, totis simul viribus defixam devotionem testatur, quod humanus animus in Dei amore fragletur; sed dum rerum omnium creator et conditor munere, quo ipse tribuit, muneratur, fidem potius ac fidele munus intuite placatur. Offerre quippe liceat peccatori pro emundatione criminum, pro amissa culpa facinorum, pro amputandis moribus, quo propius imprimimur, delictorum, ut conmissa, te interveniente, gloriose martir ille, nostra a nobis procul dubio possunt abstergi piacula. Et quia in illo cumulo adcrescet nostræ intentionis votus, ut hoc, quod sancta vestra cella exiguum habere videtur, largire satis optimum pensaremus. . . . .

---

1. Cf. *Concil. Ilerdense* (can. 3) et *Concil. IV Toletan.* (can. 51). Ces deux conciles consacrent l'inaliénabilité des biens donnés aux monastères.

2. La glose marginale ajoute à la rubrique l'explication suivante : *Regis ecclesiam ditantis aut fundantis.*

XI.

[Sine rubrica] [1].

. . . . annorum circiter tot numeri, illum, qui nobis ex compara[to] ab illo iure noscitur advenisse. Definito igitur et accepto a vobis omne prætium, quod in placitum venit nostrum, id est auri solidi numeri tot, quos a te datos et a me acceptos per omnia manet certissimum, nihil penitus de eodem prætio apud te remansisse polliceor. Et tradidi tibi supramemoratum servum, non causarium, non fugitivum, non vexaticium, neque aliquod vitio in se habentem, nec cuiuslibet alterius dominio pertinentem [2], quem ex hac die habeas, teneas et possideas, iure tuo in perpetuum vindices ac defendas, vel quicquid de suprafati servi personam facere volueris, liberam in omnibus habeas potestatem. Quod etiam iuratione confirmo.

XII.

ALIA [3].

Distrahentium definitio licet fidei vinculis adligetur, tamen solidius est ut scripturæ firmitas emittatur, ut nec distractoris per metas temporum quolibet ingenio dissimulando subripiat, quæ tacendo firmaverat, nec partium comparantis ulla adversitas calumniantis eveniat [4]. Ideoque distrahere me tuæ charitati profiteor et distraxi hoc et illud. . . . .

1. La glose marginale donne pour rubrique : *Servi venditio.*

2. Ces garanties sont celles qu'on avait l'usage de stipuler et de promettre dans les ventes d'esclaves. Cf. Dig., liv. XXI, tit. II, l. 30, 31 et 32.

3. La glose marginale ajoute *venditio.*

4. La rédaction d'un acte écrit pouvait être utile pour la preuve, mais elle n'était point nécessaire pour la validité de la vente. Cf. Gaius, *Comment.* III, § 39. — Dig., lib. XVIII, tit. I, l. 2. — Loi des Wisigoths, liv. V, tit. IV, § 3.

XIII.

ALIA [1].

Licet in contractibus empti et venditi, quæ bona voluntate definiuntur, venditionis instrumenta superflue requirantur, tamen ad securitatem comparatoris adiungitur, si definitio ipsa scripture soliditate firmatur. Ac per hoc distrahere me vestræ dominationi profiteor et distraxi hoc et illud. . . . .

XIV.

PROMISSIO DOTIS [2].

Dominæ individuæ sponsæ meæ illi et ille. Expectandum tandem divino iuditio nostroque cessit arbitrio, quæ diu agenda erant, deliberatione provida pensaremus. Bonis enim auspitiis divina voluntas adsurgat, et prosperum iter aggredi propria magestas impellit, nec si natale quod nostro evenire coniugio. Itaque consentienti parentum tuorum animo teque prebenti consensum, intercedentibus nobilibus atque bene natis viris, te mihi in coniugium copularem, necesse mihi fuit donationem manentem et legibus iure confectam in personam tuam sponsalitia largitate donare me tibi. Ad diem votorum promitto hoc et illud, quod ex lege Papeam Popeam et ex lege Iuliam, quæ de maritandis ordinibus lata est [3]. . . . .

1. La glose marginale ajoute *venditio*.

2. La glose marginale explique la rubrique par ces mots : *Dotis formula*. On sait que dans les siècles barbares le mot *dos* a été souvent employé pour désigner la donation *ante nuptias*.

3. La mention des lois Julia et Pappia-Poppæa était fréquemment insérée dans les actes de donation *ante nuptias*. Cf. Gothofred. *Ad leg. Jul. et Pap.*, cap. 4; — Schulting, *Jurisprud. antejust.*, p. 408, not. 12; — Marculf., lib. II, form. 15.

XV.

DOTE PUELLÆ.

Dulcissimæ coniugæ [1] meæ illi, ille. Donationis semperque future coniunctionis causa fieri legum solemnitas et Iulia decrevit autoritas. Ideo, patrocinante Deo, parentum tuorum tuusque consensus accessit, ut petitam te mihi in coniugem copularem; ideoque donare me tibi censui et dono illud et illud, quod exinde habendi, tenendi et possidendi nostrisque posteris derelinquas liberam, in Dei nomine, habeas potestatem. Quod etiam iuratione. . . . .

XVI.

ALIA [2].

Cum in principio Dominus noster cuncta generaliter ordinasset, disposito perfectoque omnium elementorum opus, hominem suæ imaginis similem plasmare dignatus; inde dilectio coniugum, inde dulce gratia liberorum. Ob hac re oportunum est ut quicquid prona voluntas depromet, in titulis saltim perfecte ostendatur immeritis, quatenus et antiqua consuetudo conscribatur in cartis, et quicquid benigna voluntate offertur gratanter suscipi amplectique delectet gratia, coniugisque nihil in coniuge dando quis efficitur pauper aut exul a rebus redditur suis, dum sponte illud nititur offerre, quod sua dignissima potest fama coniungi. Ob hoc donare me indulgentiæ tuæ profiteor et dono hoc et illud. . . . .

1. Le mot *coniugæ* est mis ici pour *sponsæ*, car il s'agit évidemment d'une donation *ante nuptias*.

2. La glose marginale ajoute : *Dotis formula*. Je crois cependant que cette formule n'offre pas le modèle d'une donation *ante nuptias*, mais bien d'une donation entre époux. Le droit romain prohibait, il est vrai, les donations de cette nature; mais la prohibition souffrait quelques exceptions, par exemple lorsque la donation n'appauvrissait pas le donateur (Cf. Dig., liv. XXIV, tit. I, 1. 5, § 16; 1. 25; 1. 31, § 7.) C'est à cette exception favorable que paraissent se rapporter les expressions suivantes de notre formule : *Nihil in coniuge dando quis efficitur pauper aut exul à rebus redditur suis.*

XVII.

ALIA [1].

Festa solemnitas intercedat, quippe gratia liberalitatis augetur, et mihi dulce coniugium est, cuius vinculum donationis titulo ampliatur, optare quod maximum est, donare quod proprium est. Et si concinenter animo parentum et continuo Deo propitio ventura mihi sis in coniugio, et propter gratiam procreandorum filiorum virgini ante nuptias sponsalicia largitate polliceor et dono hoc et illud, quod ex hac die, si Deus præceperit, natis tuisque posteris derelinquas.

XVIII.

ALIA [2].

Nuptiarum solemnium festa petitio, quæ fautore Deo sunt, simplici voto quærentes conceditur, tunc magnum sui obtinet complementum, dum conmunium electione parentum perficitur. Sed in quantum maritandis ordinibus erit comparanda mercatio, divinis solius est constituta præceptis, in qua plasmator omnium Deus, dum glutinando humani corporis formas, ex eius materiem hærentem ossibusque carnem sed imaginem similem huic adiutorium formare concessit. Quapropter donare me indulgentiæ tuæ profiteor et dono hoc et illud. . . . .

XIX.

ALIA [3].

Regulam antiquæ constitutionis, quæ est de ordinatione matrimonii legibus constituta, evidentius observantes, quod pro dignitate natalium communium elegimus, in Dei nomine, faciendum, ut condignis atque consuetis vos cumulemur præmiis. Quamobrem donare me indulgentiæ tuæ profiteor et dono. . . . .

---

1. La glose marginale ajoute, avec raison cette fois : *Dotis formula.*
2. La glose marginale ajoute : *Item dotis formula.*
3. La glose marginale ajoute : *Item eadem.*

XX.

[*Sine rubrica*] ¹.

Insigni merito et Geticæ de stirpe senatus
Illius sponsæ nimis dilectæ, ille. . . . .
Præmia nubentum ratio præscribere cartis
Provocat et magnis laudem præferre puellis,
Optima quantum certe sinit doctrina pudoris,
Aut amor exigit et placidus in corde reponit.
Est datus antiqui facilis hic corde parentis,
Temporibus quem cuncti haberent pro lege futuris,
Cum dudum cælsi dominus et rector Olimpi
Forma[s]set immensa hominem pietate priorem.
Protinus auxilium latere de sacro virili
Dextera fæmineum telluris fecit in orbem
Maxima crescendo transcurrit pectoris etas;
Dilubio, labaret quo cunctum crimina mundum,
Noë salbare voluit cum prole beatum,
Qui potuit reparare genus ex coniuge priscum.
Innumera crevit hominum post inde caterba,
Oppida qui inhabitant, vicos et mœnia cuncta.
Abraham quippe Deum cupiens cum Sarra supernum
Cernere promeruit seque offerendo ministrum.
Cuius Isaac dispensandi de semine voto
Exortus geminam genuitque ex coniuge plebem.
Iacob bis septenos famulabit in annos,
Ut Rachel acciperet pulcherrime corpora pacte.
Idem semper summus venerandus honore
Gentibus indixit gratæ conubia cunctis.
Præteritis muniti patribus vestigia nostris

---

1. La glose marginale donne pour rubrique : *Dotis formula exametris conscripta*. Le texte de cette formule prouve du reste qu'il ne s'agit point ici, comme précédemment, d'une donation *ante nuptias*, mais d'une dot offerte par le futur à sa fiancée conformément aux principes du droit germanique. La loi des Wisigoths (liv. III, tit. I, § 1) exigeait la constitution de cette dot pour la validité du mariage, et elle avait pris soin (*ibid.*, § 6) d'en fixer le montant.

Insequimur læti thalamos et fœdera usa.
Quærimus æthereis cerbices subdere iussis,
Dispares ut sexus membra efficiamur in unum;
Eximior cum sit de toto gratia munus
Et magnos non aurum animos sed vota decorent,
Præcedant nostris titulis et præmia portent,
Qua superant omne pretiosum dona metallum.
Pascimur ecce tui tantum dulcedine amoris,
Ut, si immensa tuæ contradam munera formæ,
Nihil nobis melius quam nostri gratia vultus.
Nullis enim quisque rebus efficitur exul
Vel aliquod dando reponet in coniuge pauper,
Si coniux proprium diligat servare maritum.
Unde præcare meis studui per carmina verbis
Ut, quia nostrorum placuit hæc causa parenti,
Læta peto teneas in votis pectora nostris,
Quod tua dulcedo possit, quod grata voluntas,
Quod amor egregius, quod . . . . nostra meretur.
Optima namque tibi dona sum offerre paratus,
Et dare quod retinet præsentis forma libelli.
Ecce decem inprimis pueros totidemque puellas
Tradimus, atque decem vivorum corpora equorum;
Pari mulus numero damus inter cætera et arma,
Ordinis ut Getici est et morgingeba vetusti [1].
Rusticos impendam famulos per nostra manentes
Rura tibi, tærris, vineis et prædia, olivis,
Omnibus in rebus, silvis ac pascua, limphis,
Immobiles res seu mobiles, tam omne pecusque,
Argentum, æs, byssum, vas fictile et aurum;
Quicquid intra vel extra nunc corpore cuncto
Nos in iure titulis ex multis habere,
Amplius Christi dederit quod gratia nobis
Ordine diverso per nostræ tempora vitæ,
Te dominam in mediis cunctisque per omnia rebus
Constituo donoque tibi vel confero, virgo.

1. Le *morgengabe*, dont l'usage était général chez les peuples d'origine germanique, se confondit insensiblement avec la dot. Cf. Ginoulhac, *Histoire du régime dotal et de la communauté*, p. 209. On voit par cette formule que, chez les Wisigoths, la confusion était déjà opérée au temps du roi Sisebut.

Singula quippe supra vultu conscripta iucundo
Adprehændas, habeas, teneas, post multa relinquas
Secula posteris in iure, charissima, nostris,
Aut inde facere vestram quodcumque voluntas
Elegerit, directa tibi est vel certa potestas.
Eternum tamen ut habeat hac carta vigorem,
Ecce sacramentum malui conectere magnum,
Siderea præcelsa Dei virtute tonantis,
Principis ac domini Sisebuti gloria nostri,
Meque meum nunquam hunc penitus disrumpere pactum
Nec nostris aditum manebit hæredibus ullum.
De hinc qui possit minimam contigere partem,
Nisus aut exteterit nostram convellere dona,
Bis auri mille vestræ nunc ista parti
Inferat, et huius valeat conscriptio cartæ,
Cui omne scripturæ malum de mente dolorem
Expolietantis quas texui probare mores
Omnia promitens spondi involuta manere;
Unde meam subter libens nomenque notavi,
Et testes speravi alios subscribere dignos
Post certe Aquiliam memini contexere legem,
Qui cunctos rerum iugiter corroborat actos.
Carta manet mensis illius conscripta calendis,
Ter nostri voluto domini fœliciter anno
Gloriosi merito Sisebuti tempore regis [1].
Ecce manu propria tribui qua dona illi
Subscripsi, ut longa maneat ac firma per ævo.

XXI.

TESTAMENTUM.

Ille, sana mente sanoque consilio, lectulo quidem infirmitate
detentus, evitans causalem mortis eventum, hanc voluntatis meæ
epistolam fieri elegi, quam ad ius prætorium et urbanum valere
decerno [2]; quod si ad ius prætorium et urbanum valere non po-

1. La troisième année du règne de Sisebut correspond à l'an 615 de Jésus-
Christ.

2. Les mots *ius urbanum* désignent ici le *droit civil* par opposition au *droit*

tuerit, ab intestato vice codicilorum ævo eam valere volo et iubeo[1] ;
quam etiam tibi, fili ille, scribendam mandavi, ita ut post transitum meum die legitimo hanc voluntatis meæ epistolam apud curie
ordinem gestis publicis facias adcorporare [2]. Et ideo cum e rebus
humanis abscessero obitumve naturæ reddidero, tunc ad ecclesiam
domini mei illius martiris, ubi corpusculum meum sepeliendum
mandavi, volo pertinere locum illum ad integrum cum mancipiis
rusticis et urbanis, terris, vineis, ædificiis, silvis, aquis aquarumque ductibus, hortis, pascuis, paludibus omnique iure loci ipsius,
quod situm est in loco illo ; et illos liberos esse volo, quorum pro
confirmanda ingenuitate donare et elegi et dono hoc et illud ; ea tamen interposita conditione ut, quousque me Deus omnipotens
vivere permisserit, hoc, quod ecclesiabus contuli vel quod unicuique concessi, sive mancipia, qua libera esse constitui, a me universa possideantur ; post diem vero obitus mei, omnes, secundum
huius voluntatis meæ tenorem, addendi, habendi, tenendi reddidero. Tunc dulcissimis filiis meis illis et illis volo esse concessum
hoc et illud, quod sibi æqualiter dividentes, addendi, habendi... .

XXII.

Sana mente sanoque consilio, desiderium meum in omnibus implere cupiens, dum mæ dominus divinitatis integra mentis sanitatæ
conspicio, et humanæ condicionis fragilitatem per omnia metuens,
ne forte subitanea morte preventus desideria, [quæ] corde meo sunt
alligata, implere non valeam, testamentum meum condidi, scri-
bendum dictavi ; quem etiam testamentum meo volo ut valeat iure

prétorien. Dans les siècles postérieurs, on retrouve la même figure de lan-
gage : le droit romain est alors désigné d'une façon générale sous le nom de
droit civil, et on lui oppose le droit coutumier sous le nom de _droit des
ruraux._

1. Cette clause est nommée par les commentateurs _clause codicillaire._
L'usage en était fréquent dans les testaments romains. Cf. Dig., liv. XXIX,
tit. I, l. 3.

2. Les testaments devaient être déposés et ouverts dans les trois jours qui
suivaient le décès ; ce délai, fixé par les lois, était exprimé par les mots _dies
legitimus._ Cf. Paul., _Recept. sentent._, lib. IV, tit. VI, § 3.

3. La glose marginale donne pour rubrique : _Testamentum._

civilium [aut] prætorio; quod si iure civilium [aut] prætorio valere distulerit, ad vicem codicilorum vel fideicommissum etiam ab intestato eum decerno valere. Itaque cum e rebus humanis abscessero et debitum naturæ reddidero, tunc dulcissimæ coniugis meæ atque filiis meis volo esse concessum hoc et illud. . . . . . .

XXIII.

[*Sine rubrica*] [1].

Dulcissimæ coniugi meæ illi, ille. Dum in coniugio positi fuissemus et filii nobis non essent, ex communi consensu pariter pertractantes ne nos repentina mors subriperet et paupertas nostra inordinata remaneret, salubri consilio elegimus ut invicem nobis cartas voluntatis conscribere deberemus, ut unusquisque nostrum, qui alio supervixerit, assem paupertatis nostræ securus debeat possidere [2]. Ideoque do et dono dominamque in cuncta constituo in omnibus corporibus mobilibus et immobilibus seu semimobilibus, vel quod nunc possidere dignoscor, seu quicquid in vita mea aumentare potuero, ad integrum tuo iuri defendas; ea tamen ratione servata ut, si Dominus nobis filios nasci præceperit, post transitum discessumque meum successorio gradu ipsi nobis sint hæredes. Certe si impedientibus peccatis nostris filii nobis defuerint, assem integrum paupertatis meæ post transitum meum, sicut supra decrevi, habeas, teneas et possideas, iure tuo in perpetuum vindices ac defendas, vel quicquid de omnem paupertatem iuri meo debitam facere volueris, liberam in Dei nomine habeas potestatem. Quod etiam iuratione confirmo.

1. La glose marginale donne pour rubrique : *Donatio inter virum et uxorem.*

2. Ce dernier membre de phrase prouve qu'il s'agit dans notre formule d'une *donation à cause de mort.*

XXIV.

ALIUD IUS LIBERO[RUM] [1].

Egregia conubiis dilectionis augetur cupido egregiisque moribus pariterque decreta sancimus, quas auctor omnipotens in eos censeat conservare. Quin etiam scilicet quoniam indoles habemus, ob hoc saluberrime pepigisse comperimur, ut, si quispiam nostrum prius ab hac luce discesserit, utrum tu an ego, hæreditatem omnemque nostram, quam dono Dei fruere videmur, qui superstes ex nobis fuerit possidenda congaudeat, quatenus exinde qui de nobis superatvixerit quicquid facere voluerit liberam præ solo Domino fruatur in omnibus ac firmissimam potestatem [2]. Quod etiam iuratione confirmamus pro divini nominis maiestatem futurumque resurrectionis tremendi iuditii diem atque regnum gloriosissimi domini nostri illius regi gentique suæ salutem, quia hoc, quod propria et prona voluntate conscripsimus, omni stabilitate permaneant, et neque a nos neque a quemquam hæredum nostrorum aut ex transverso in lite veniente persona hoc aliquatenus possit infringi. Nam si quis sane, quod fieri non reor, aliquis contra hunc factum meum venire conaverit, tot libras auris fisci viribus profuturas cogatur exolvere, et confusus recedat, atque cum Iudam Scarioth habeat participium, et nec sic quoque huic paginæ valeat fundamenta disrumpere. Cui rei, vi doloque secluso, præsens præsentibus stipulatus et spondi et subter manu mea subscripsi et testibus a me rogitis per firmitate tradidi roborandam.

Facta epistola voluntatis.

1. Cf. Cod. Théod., liv. VIII, tit. XVII; Novell. Valentin., tit. XX, *Interpret.* (Ed. Hænel).

2. Les libéralités testamentaires du mari envers la femme et de la femme envers le mari pouvaient, d'après une novelle de Valentinien (tit. XX, édit. Hænel), être contenues dans un seul et même acte.

XXV.

GESTA

Era illa, anno illo regno gloriosissimi domini nostri illius regis, sub die calendis illis, acta habita patricia [1] Corduba [2] apud illum et illum principales, illum curatorem, illos magistratos. Ille dixit : ante hos dies bonæ memoriæ domnissimus ille suam condidit voluntatem, per quam ecclesiabus sanctarum Dei aliqua concessit atque vern[ac]ulos suos absolvit; et quia mihi de pressenti commissit ut post transitum suum apud gravitatem vestram eam adpublicarem et gestis publicis adcorporarem [3], proinde quia die isto, die tertia quod ab hac luce fata migravit [4], spero honorificenciam vestram ut eam vobis ingrabanter recensere mandetis. Illi dixerunt : voluntas domnissimi illius, quam filius et frater noster ille offerit recensendam, suscipiatur et legatur, ut agnita possit in acta migrare. Ex officio curiæ est accepta et lecta. Cumque lecta fuisset, illi ad illum dixerunt : ecce voluntas domnissimi illius, quem nobis protulisti relegendam, lecta est et sensibus nostris patefacta, quæ iuxta liberalitatis eius arbitrium plenissimam iure continet firmitatem; quid nunc fieri desideras edicito. Ille dixit : rogo gravitatem vestram hæc, quæ acta vel gesta sunt, publicis hæreant monumentis. Illi dixerunt : quæ acta vel gesta sunt huic corpori contineantur inserta. Ille dixit : auctorum peto potestatem. Illi dixerunt : describe illam ex præscriptis.

Gesta apud nobis habita. Subscripsit ille. Magister ille conscripsit.

1. Le mot *patricia* est ici synonyme de *curia;* il manque dans le *Glossarium* de Ducange.

2. L'existence d'une curie à Cordoue confirme pleinement les conjectures de M. de Savigny sur la conservation du régime municipal romain chez les Wisigoths.

3. L'insinuation des testaments dans les registres de la curie était ordonnée par le Code Théodosien, liv. IV, tit. IV, l. 4. Voyez l'*Interprétation* de cette loi dans le Bréviaire d'Alaric (ed. Hœnel).

4. Le troisième jour après le décès était le terme de rigueur pour l'insinuation des testaments; ce jour se nommait *dies legitimus.* Cf. plus haut, n° XXI.

XXVI.

ALIUD TESTAMENTUM.

Ille sanus, sana mente integroque consilio, metuens humanæ fragilitatis casus, ne me mors repentina subripiat, testamentum meum fieri elegi de rerum mearum proprietatem, ut dum de rebus humanis discessero obitumve naturæ reddidero. . . . . . .

XXVII.

CARTULA CONMUTACIONIS.

Domino et fratri illi, ille. Licet largiente lege conmutationis ordo venditionis optineat vires[1], tamen oportunum est hoc profuturis temporibus per scripture conscribere tramitem, ut et pro conservanda memoria eius pateat series, et ea, que sponte conveniunt, nullius manente obstaculo pereniter sumant vigorem. Ac per hoc bona electione alterutrum convenit ut tibi hoc et illud iuris mei causa conmutationis dare deberem, quod et dedisse me manifestum est. Pro quod igitur e contrario titulo commutationis a vobis accepimus hoc et illud. Quas igitur res superius memoratas à nobis utraque voluntate in singulorum iure translatas habendi, tenendi et possidendi faciendique unicuique nostrorum de re sibi tradita quod voluerimus libera in Dei nomine nobis per omnia maneat potestas. Quod etiam iuratione firmamus.

XXVIII.

ALIA.

Domno honorabili fratri illi, ille. Quod partium utrorumque communis est voluntas, licet mutuo debeat servari consensu, sed ad posteritatis memoriam reservandam adicitur testimonium literarum.

1. L'échange est assimilé à la vente par la loi des Wisigoths, liv. V, tit. IV, § 1.

Ideoque nostræ placuit atque convenit voluntati ut hoc et illud nobis in commutatione dare deberemus, quod et factum est. Quas igitur res. . . . .

XXIX.

DONATIO FILIO VEL FILIÆ.

Dulcissimo mihi atque charissimo filio illi, ille. Cum pronas voluntas propensiorem exigat largitatem, tunc profundior animi probatur afectus, quando indisolubili charitatis vinculo munificencia præeunte conscribitur, et votiva oblatio nulla intercedente discensione penitus revocatur, sed requiret potius locum ubi et arbitrii votum et repensationis probet officium. Quapropter donare me tuæ dulcedini profiteor et dono hoc et illud, quod ex hac die habendi, tenendi et posidendi faciendique exinde quod volueritis liberam in Dei [nomine] habeatis potestatem. Quod etiam iuratione. . . . . .

XXX.

DONATIO IN QUAMCUMQUE PERSONAM.

Domino et fratri illi, ille. Magnus donationis est titulus, in quo nemo potest actum largitatis inrumpere; et ideo quod prona largitate offertur, libenter semper debet amplecti, ut et donatori pro largitate vigor crescat amoris, et bene parienti votum gratia cumulet muneris. Ob hoc donare me tuæ fraternitati profiteor et do hoc et illud. . . . .

XXXI.

[*Sine rubrica*].

Sanctissimo domino et in Christo patri illi, ille. In quantum tuæ sanctitatis beneficia erga nos nostrique utilitatibus apparet copiosa, nec munerum potest retributio coæquari, nec nostri meritis vicissitudo complecti. Ob hac re oportunum duximus pro tantum beneficii meritum hæc parva beatitudini vestræ conferre munuscula, id est illud et illud, quod almitas reverentissima vestra ex hodierna die per huius donationis nostræ vigorem addendi, habendi, tenendi

et possidendi faciendique ex hoc quod vestra elegerit voluntas
libera in omnibus, Christo auspice, vobis maneat potestas. Quod
etiam iuratione confirmo.

XXXII.

CARTULA OBIURGATIONIS [1].

Domino semperque meo illi, ille. Licet sanctione legum sit consti-
tutum, tamen nullus pro sua voluntate suum statum deteriorat;
sed quotiens præ legitimam quis suam portando personam necesi-
tate vel miseria aliqua laborare videtur, sua causa constringitur de
suum estatum qualem vult ferre iuditium, utrum *meliorandi* an
deteriorandi liberam habeat potestatem [2]. Ideoque propiæ mecum
deliberavi ut statum meum venumdandum preposui; quod etiam
vestra dominatio hoc audiens et per mea suplicatione vester ac-
crevit adsensus, et datos a tua dominatione solidi tot propter hoc
et illud me accepisse manifestum est. Et ideo memoratum statum
meum ex hodierna die habeas, teneas et posideas, iure dominioque
tuo in perpetuum vindices ac defendas, vel quicquid in meam vel
de meam personam facere volueris directa tibi erit per omnia vel
certa potestas. Quod etiam iuratione. . . . . . .

XXXIII.

CARTULA PACTIONIS [3].

Licet inter pacificas mentes difinitio sola constet verborum, tamen pro memoria temporum testimonium adicitur literarum, quia
nullatenus longi temporis spatium ni ambiguitate transmitere po-
terit, quod velit nuper factum lectionis recurso ad memoriam red-
ducit. Igitur dum inter nobis de paupertatula patris vel matris iugis

---

1. Le mot *obiurgatio* a ici le même sens que le mot *obnoxiatio*. Cf. Marculf., liv. II, form. 28. Append. ad Marculf., form. 16. Sirmond, form. 10.

2. Le droit romain n'admettait pas qu'un homme libre pût disposer de sa
liberté et l'aliéner; mais le principe contraire était reconnu et pratiqué chez
tous les peuples d'origine germanique.

3. Cf. Loi des Wisigoths, liv. X, tit. I, § 1 et 2.

intentio verteretur, convenientibus animis contigit hoc et illud, quod ex hac die unicuique nostrorum quod contingit securus, Deo nitente, possideat, nec ulterius cuiuspiam aliquam ex nobis molestiam alterna inferat controversia, sed quidquid unusquisque nostrum de sibi debitam portionem facere voluerit, habeat in omnibus liberam potestatem. Quod si forte aliquis ex nobis hunc divisionis nostræ factum dispare conaberit, sibi debitam portionem ante litis ingressum amittat, illorum iure pertinendam qui huius voluntatis decreta servaverit. In quam rem, vi doloque secluso, stipulatione adnixor, subter manus nostras robore firmabimus, et testibus pari voluntate pro firmitate suscribendum tradidimus.

Factum divisionis libellum.

XXXIV.

CARTULA MANCIPATIONIS [1].

Dulcissimo filio meo illi, ille. Prisca consuetudo et legum decreta sanxerunt ut patres filios in potestate habentes, tempore, quo perfectos in eos esse præspexerint annos, postula[ta] a patribus absolutione percipiant, quod tamen patres ipsi voluerint concedant. Unde ambigu[u]m non est quod obedientiæ vestræ sagacitas nostrum compelet animum ut te a nostro dominio corpore relaxare debeamus. Unde paternæ potestatis intuito decernimus ad instar personæ nostre tuum gaudeas pervenisse statum. Oblatio autem ante quinque nummus distractionis atque mancipationis causa me suscepisse cognosco, et melioratum autem te gaudeo, unde quicquid te malui, volui, contuli et habere decrevi, totum tibi per hanc mancipationis meæ cartulam confirmo, hanc roboro et concedo per Patrem et Filium et Spiritum Sanctum, qui est trinitas inseparabilis et una maiestas, per regnum gloriosissimi domini nostri illius regi gentique suæ salutem vel omnium sacerdotum coronas.

1. Voyez ce que j'ai dit de cette formule dans l'*Introduction*.

XXXV.

[*Sine rubrica*] [1].

. . . . . quia rem iuris mei debitam, quam ille suo vitio extra discussionem iudicantis violentius usurpatione de meo dominio abstulit, nullos in eodem loco profligat labores, certe nec quicquam inibi augmentet, dum interim manente iusticia per legum statuta appetendo iuditiariam potestatem inter partes de veritate silentium imponatur. Quod si transiens hanc coniurationem nostram, hoc quod in iure nostro pertinet in aliquod augmentaverit, sciat se per iusticia, dum nostro dominio hoc ipsum probaverimus debere, secundum legum instituta de invasione vel singulis annis frugum collectione [2], ac sumptus per litis expensas nobis satisfacere, et hoc quod inibi profligavit amittere.

Factum libellum.

XXXVI.

PRÆCARIA.

Domino semper meo illi, ille. Dum de die in diem egestatem pateret, et huc illuc percurrerem ubi mihi pro compendio laborarem, et minime invenirem, tunc ad dominationis vestræ pietatem cucurri, sugerens ut mihi iure precario in locum vestrum, quod vocatur illud, ad excolendum terras dare iuveres, quod et vestra annuens dominatio petitioni meæ effectum tribuit, et terras in prefatum locum, ut mea fuit postulatio, ad modios tot, ut dixi, iure precario dare dignavit. Proinde per huius precariæ meæ textum spondeo nullo unquam tempore pro easdem terras aliquam con-

---

1. Bien qu'il ne reste que les dernières phrases de cette formule, on peut facilement reconnaître l'acte dont elle offre le modèle. Deux personnes plaident sur la propriété d'un immeuble; l'une d'elles, sans attendre la décision du juge, s'empare de l'objet litigieux; l'autre forme aussitôt une protestation, adressée vraisemblablement au juge, et dans laquelle elle invoque les règles du droit sur cette matière. Cette protestation, ou pour mieux dire cette requête, est précisément l'acte dont nous possédons la dernière partie.

2. Ces mots font une allusion évidente à la loi des Wisigoths, liv. VIII, tit. I, § 5.

trarietatem aut præiuditium parti vestræ afferre, sed in omnibus pro utilitatibus vestris adsurgere, et responsum ad defendendum me promito afferre. Decimas vero præstatione vel exenia, ut colonis est consuetudo, annua inlatione me promito persolvere. Quod si immemor huius præcariæ me[æ] tenorem de cuncta, quæ supra promissi, vel modicum nisus fuero infrangere, iuratus dico per divina omnia et regnum gloriosissimi domini nostri illius regis quia liberam habeas potestatem de supradictas terras foris expellere et iure vestro, ut debentur, iterum applicare. In qua precaria præsens præsenti stipulatus sum et spopondi, subter manu mea signum feci et testibus a me rogitis pro firmitate tradidi roborandam.

Factum. . . . .

XXXVII.

ALIA PRECARIA.

In Christo fratri illi, ille. Certum est enim nos in loco iuris vestri, cui vocabulum est illud, in territorio illo sito, precario iure tærras pro excolendum ad modios tot a vobis pro nostro compendio expetisse, quod et fraternitas vestra petitionibus nostri annuere elegit. Et ideo spondeo me ut annis singulis secundum priscam consuetudinem de fruges aridas et liquidas atque universa animalia vel pomaria seu in omni re, quod in eodem loco augmentaverimus, decimas vobis annis singulis persolvere. Quod si minime fecero et huius precarie mee textum abscessero, iuratus dico. . . . .

XXXVIII.

CAUTIONE.

Domino et fratri illi, ille. Profiteor me per hanc cautionem meam cabere et cabeo tibi, domine et frater ille, propter auri solidi numerus tot, quos pro necessitate mea, imperante tibi Domino, prestare iusisti. Quos solidos, si Deo dictum placuerit, tibi ad diem calendas illas istius anni proximi futuras cum gratiarum actione me spondeo esse redditurum, et in beneficio solidorum ipsorum daturum me tibi spondeo hoc et illud [1]. Qui si minime fecero et diem huius meæ cautionis excessero, iuratus dico per hoc et illud quia liceat tibi cautionem meam cui tu ipse volueris tradere et ad libito mihi executare supra dicta pecunia una cum beneficio suo dupplicata cogar exolvere. In qua cautione præsens præsentibus stipulatus sum et spopondi.

XXXIX.

CONDITIONES SACRAMENTORUM [2].

Conditiones sacramentorum, ad quas ex ordinatione illorum iudicum iurare debeant : Iuramus primum per Deum Patrem omnipotentem et Ihesum Christum filium eius Sanctumque Spiritum, qui est una et consubstantialis magestas. Iuramus per sedes et benedictiones Domini. Iuramus per Cherubin et Seraphin et omnia Dei secreta misteria. Iuramus per signum sanctæ et venerandæ crucis, quod ipsius fuit patibulum. Iuramus per tremendum atque terribilem futuri iudicii diem et resurrectionem Domini nostri Ihesu Christi. Iuramus per omnia sacra corpora gloriosasque martirum coronas omnesque virtutes cœlorum vel hæc sancta quatuor evangelia et sacrosancto altario domini nostri illius martiris, ubi has conditiones superpositas nostris continemus manibus. Iuramus per dexteram Domini, qua sanctos coronat et impios a iustis separat eosque mittit in camino ignis inextinguibilis, ubi erit fletus et stridor dentium. Iuramus per cardines cœli et fabricam mundi, quæ ipse virtute verboque fundavit. Iuramus per sacra misteria et sancta sacrificia. Iuramus per omnes cœlestes virtutes et cuncta eius mirabilia. Iuramus per sanctam communionem, quæ periuranti in damnatione maneat perpetua, quia nos iuste iurare et nihil falsum dicere, sed nos scimus inter illum et illum hoc et illud in tempore illo actum fuisse. Quod si in falsum tantam divi-

---

1. La loi des Wisigoths avait fixé, par une disposition spéciale, le taux de l'intérêt. Cf. liv. V, tit. V, § 8.

2. Lorsque l'objet du procès était de peu d'importance, la loi des Wisigoths (liv. II, tit. I, § 23) n'obligeait pas le juge à dresser un procès-verbal détaillé des débats, mais seulement à délivrer aux parties une copie du serment prêté par les témoins. La même loi (liv. II, tit. IV, § 2) astreignait en effet tous les témoins à prêter serment avant de déposer.

nitatis magestatem ac deitatem taxare aut invocare ausi fuerimus, maledicti efficiamur in æternum; mors pro vita nobis eximetur et lutus in consolatione assiduus descendet igne rumphea cœlestis ad perditionem nostram; oculi nostri non erigantur ad cœlum; lingua nostra muta efficiatur; omnis interiora viscera nostra obdurentur et arescat atque in breves dies spiritus diaboli periurantem arripiat, ut omnes periuri metuant et sinceres de tam celeri Domini vindicta congaudeant; et quemadmodum descendit ira Dei super Sodomam et Gomorram, ita super nos extuantibus flammis eruat mala ac lepra Gyesi, vivosque terra absorbeat, quemadmodum absorbuit Datan et Abiron viros sceleratissimos, ut videntes omnes supernæ ire Dei iuditium talibus hominibus terreantur exemplo.

Latæ conditiones sub die illo, anno illo, era illa.

Ille vicem agens illustrissimi viri comitis illius has conditiones ex nostra præceptione latas subscripsit.

Ille has conditiones nostra coram præsentia latas subscripsi.

XL.

DIIUDICATIO [1].

Tunc enim veritas ex consequenti ratione colligitur, cum in examinatione partes litigantium veniunt. Ergo cum inter illum et illum arbitres sedissemus, vicissim se multis iurgiis impugnare cœperunt; cumque diutissime contendendo et se mutuo iniurando crebris conviciis lacessirent, legis autoritate illis præcepimus ut, remota iurgiorum controversia, propria in conspectu nostro propalarentur negocia. Tandem ille contra illum asseruit dicens : « Rem illam, quam iure patris mæi debitam mansit, cur eam in tuo servitio habeas edicito. » E contra ille ait : « Cur istam, quam a nobis reposcere conaris, per illo et illo capitulo nobis collata sunt, et per tot annos nominata res iure patris mei illius et nostro servitio mansit; sed si iusta quod asseris res illa esse patris tui illius iure fuisse debita affirmas, convincere te oportet. » Tunc ille petitor secundum

---

1. Lorsque l'objet du procès était important, la loi des Wisigoths (liv. II, tit. I, § 23) obligeait le juge à dresser un procès-verbal détaillé des débats, et à en délivrer une copie aux parties.

illud responsum se talem probationem manifestus est habere. Quam etiam in nostro iuditio proferens, id est illum [et illum], iuxta legum decreta sagaci intentione eos segregatim percontari decrevimus. Quorum dum testimonium liquide discutere conaremus, invenimus illum et illum servos esse illius et consanguineos fratres eorum in servitio originali esse illius [1], et illum et illum de ea, quæ testificare conabantur, bifarios eos testificare depræhendimus. Ille dixit sic, et alius dixit hoc et illud se scire. Proinde nec mora obsistit et ille in nostro conspectu sententias legis libri illius protulit, legem illam, qui est sub titulo illo, era illa, ubi dicit hoc et illud. His expletis sermonibus, ille petitor contra illum asseruit, dicens hoc et illud. Tunc ille hoc, quod ille petito sermone professus est, per idoneum testem firmari expetit. Ad hæc ille petitor adiecit præter se et illum nullam tertiam personam interfuisse. Sed tunc ille suo sermone professus est hoc et illud. Cumque ille imperatum à nobis fuisset ut, iuxta quod locutus est, pro rem illam et illam sacramentum reddere, ipse illum iuramentum reddere non ausavit. Tunc nos decrevimus hoc et illud. Quam rem ad singula decernentes in hanc iuditii paginam inseruimus, quatenus futuris temporibus iustitiam habens congaudeat et calumniantis adversa vox spefacta conticescat.

Facta iuditii pagina in civitate illa, sub die calendis illis, anno illo regno illo, era illa.

Ille hanc iuditii paginam nostro in iuditio latam subscripsit.

Ille rogitus a domino et fratre illo in hunc iuditium ab ipso et nostra coram presentia latam subscripsit.

XLI.

INIUNCTO.

Domino mihi individuo fratri illi, ille. Rogo atque iniungo tuæ fraternitati ut ad vicem personæ meæ peragere iubeas et intentio, quæ inter me et illum pro hoc et illud vertitur, in presentia iudicum secundum ordinem legum negotium prosequi procures; ita ut quicquid de lege et iusticia egeris, ratum me in omnibus esse poli-

1. Le témoignage des esclaves, récusé en principe, n'était admis que dans des circonstances exceptionnelles. Cf. Loi des Wisigoths, liv. II, tit. IV, § 4 et 9.

ceor. In quo iniuncto præsens præsenti stipulatus sum et spopondi, subter manu mea subscripsi, et testibus bene natis viris a me rogitis tradidi roborandum.

Facto iniuncto sub die. . . . .

XLII.

ALIO INIUNCTO.

Spero iniungoque tuæ charitati propter apicem personæ meæ ut frat[r]em nostrum illum pulsare debeas prop[t]er auri solide numero tot, quos nos ei præstitimus, unde et placitum ipsius apud nos tenemus, ut solidos ipsos iuxta placiti sui tenorem perpetua intentione recipere debeas. Quod si contempserit et sæpedictos solidos vobis [non] restituerit, eum in presentia iudicis compellere facias, et secundum legis tramitem vobis per iudicis imperium seu iuditium satisfacere debeat. Quicquid egeris. . . . . . .

XLIII.

ALIO INIUNCTO.

Domino et in Christo fratri illi, ille. Iniungo tuæ charitati ut ad vicem personæ meæ, dum te Deus in locum illum cum salute perduxerit, servum iuris mei, nomine illo, qui de servitio meo se substraxit, perquirere debeas, et dum eum inveneris conscriptum meo dominio revocare studeas. Quicquid egeris gesserisve. . . . . . .

XLIV.

PLACITO.

Imperante tibi Domino, præcibus meis advenire dignatus es, ut mihi quinque solidos propter mea necessaria præstares. Pro quos solidos servum iuris mei, nomine illum, ad universo servitio impendendo tibi seponere elegi, ea interposita conditione ut, dum mihi Dominus dederit unde solidos ipsos tibi cum gratiarum actionem restituam, tunc supradictum servum tuo dominio in meo faciam reverti servitio. In quo placito stipulatione subnixa subter manu mea signum feci et testibus a me rogitis tradidi roborandum.

Facto. . . . .

XLV.

PLACITUM.

Sanctissimo domino meo illi episcopo, ille servus vester. Suggessio parvitatis nostræ sancto pontificatui vestro deprecavit auditus, ut me in cellam monasterii sancti domini mei illius martiris cenobialem agendo vitam perpetuo tempore permanendum præciperes, unde et beatitudo vestra intuitum mercedis petitionem meam placidissimo suscipiens animo in eundem sacratissimum locum ut habitarem vestra gloriosa perpatuit voluntas. Unde mihi placuit hunc spontanea voluntate emiterc placitum, per cuius texti formam sincerissima promitto devotione me diebus omnibus, quibus in hac potuero durare vita, prædictæ sanctæ ecclesiæ dignis Deo ministrando oficiis totamque animi mei voluntatem in summo charitatis atque humilitatis splendore ministrare; et ita, patrocinante divina misericordia, per omni gratiæ faborem remota omni discordia seu diversarum famulationes nefandarum operum æmulationes transire animis meis templandi erit facultas, sed, ut dixi, suprafatæ cellæ vestræ omnibus diebus vitæ meæ ministrare servitium. Quod si, immutata voluntate, ab ea, que promito, declinare tentavero, et ad alia loca transire ausus fuero, iuratim dico per æternitatem supernæ suumque terribilem futuri iuditii diem quia liberum habeat vestra potestas vestrique successores incautam meam persequi voluntatem et ad ius revocare sancte censure decus. Si quis vero ex aliis personis in domum suam me recipere aut retinere voluerit, et ad ubi cognoverit monitionem vestram et minime me consignare vobis intenderit, sed e contrario continere vel defendere nituerit, communicatio illius irrita sit, a diabulo æterna damnatione confusus sententia anathematorum puniatur, et cum Iudam Scarioth æterno iuditio concremetur, nec ulli hominum religiosorum seu laicorum me apud se audeat retinere [1]. Quod si fecerit, suprascripta

1. Le treizième concile de Tolède (can. 11) prononçait des peines contre ceux qui accueillaient et recélaient les clercs fugitifs.

diviña damnatione incurrat, et me apud se retinere non valeat. In quo placito stipulatione subnixa manu mea subscripsi et testibus a me rogitis pro firmitate tradidi roborandum.

Factum pla[citum]. . . . .

XLVI.

[*Sine rubrica*].

Si quantum divinitus animæ conceditur salutis præpositum, tantum fragilitate humana operare valeret, qui erat non solum presentis vitæ salutifera habere remedia, sed æterna sine difficultate sibi acquirere lucra. Ob hoc nostris ex debotionibus totisque affectibus in illis nos obsecramus locis adherere, ubi ad dicta pestifera impedimenta. . . . .

Paris. Typographie Plon frères, rue Garancière, 8.